Nov. 97

Franz Kamphaus

Zwischen Nacht und Tag

Franz Kamphaus

Zwischen Nacht und Tag

Österliche Inspirationen

Herder

Freiburg · Basel · Wien

Zugunsten des Bischöflichen Hilfswerkes Misereor

Gedruckt auf umweltfreundlichem,
chlorfrei gebleichtem Papier.

Umschlaggestaltung: Finken & Bumiller, Stuttgart
Umschlagbild: Arnulf Rainer, Weinkruzifix, 1957/78
(London, Tate Gallery)

Alle Rechte vorbehalten – Printed in Germany
© Verlag Herder Freiburg im Breisgau 1998
Satz: Fotosetzerei G. Scheydecker, Freiburg im Breisgau
Druck und Einband: Freiburger Graphische Betriebe 1998
ISBN 3-451-26590-7

Vorwort

Was hat die Stunde geschlagen? Was sagen die Zeichen der Zeit? Viele denken sich's so: weg mit den alten Finsternissen, her mit den neuen Aufklärungen, und alles wird besser, humaner und sozialer. Träume von einem schattenlosen Tag, die über Nacht umgeschlagen sind in Alpträume von einer Wirklichkeit, in der Millionen von Menschen keine Arbeit, kein Brot, kein Wasser, ja nicht einmal mehr saubere Luft zum Atmen finden. Andere sagen sich: Ehe alle Lichter verlöschen und wir im schwarzen Loch einer ewigen Nacht versinken, laßt uns das Leben hier genießen, auf wessen Kosten auch immer und wenn wir uns zu Tode amüsieren. Ist das des Menschen würdig?

Angesichts dieser Wetterlage der Zeit hierzulande ist für die Christen nichts so notwendig und heilsam, als sich von der Osterbotschaft der Bibel neu inspirieren, vom glühenden Kern des christlichen Glaubens neu entzünden zu lassen. Das wird in den folgenden neununddreißig Texten versucht. Meist liegen ihnen Ansprachen zugrunde, die an Gründonnerstag, Karfreitag, Ostern, Christi Himmelfahrt und Pfingsten gehalten wurden. Von verschiedenen Ausgangspunkten aus, auch scheinbar entlegenen und ungewohnten, suchen sie gleichsam das Wasserzeichen durchscheinen zu lassen, das der Existenz der Christen seit der Taufe eingeprägt ist: vom Tod zum Leben.

Der Auferstandene erscheint seinen Jüngern nicht als „Superman", nicht als strahlender, unverwundbarer Sieger. Der Gott der Christen geht an den offenen Wunden der Menschheit nicht vorbei, er trägt sie selbst, und gerade so will er sie verwandeln. „O die Wunde zwischen Nacht und Tag / die unser Wohnort ist", sagt die jüdische Dichterin Nelly Sachs im Hinblick auf Israel. In der christlichen Tradition ist Jakob/Israel ein Bild für Christus. Sein Wohnort ist die Wunde „zwischen Nacht und Tag", zwischen der Sonnenfinsternis des Karfreitags und dem Sonnenaufgang am Ostermorgen. In dieser Wunde hat die Christenheit ihren Ursprung. „Zwischen Nacht und Tag" scheint auch der besondere Ort der Kirche in unserer Gegenwart zu sein. Wenn wir vor diesem Ort nicht fliehen, werden wir an ihm „Gott erlernen" (Martin Buber), wird es uns - „zwischen Nacht und Tag" – wie Thomas aufgehen: „Mein Herr und mein Gott!"

Inhalt

Inhalt

CHRISTI HIMMELFAHRT

PFINGSTEN

GRÜNDONNERSTAG

Die unterste Ebene

*„Es war vor dem Paschafest, Jesus wußte, daß seine Stunde ge-
kommen war, um aus dieser Welt zum Vater hinüberzugehen.
Da er die Seinen, die in der Welt waren, liebte, erwies er ihnen
seine Liebe bis zur Vollendung. Es fand ein Mahl statt, und der
Teufel hatte Judas, dem Sohn des Simon Iskariot, schon ins Herz
gegeben, ihn zu verraten und auszuliefern. Jesus, der wußte, daß
ihm der Vater alles in die Hand gegeben hatte und daß er von
Gott gekommen und zu Gott zurückkehrte, stand vom Mahl
auf, legte sein Gewand ab und umgürtete sich mit einem Leinentuch. Dann goß er Wasser in eine Schüssel und begann, den
Jüngern die Füße zu waschen und mit dem Leinentuch abzu-
trocknen, mit dem er umgürtet war. Als er zu Simon Petrus
kam, sagte dieser zu ihm: Du, Herr, willst mir die Füße waschen?
Jesus antwortete ihm: Was ich tue, verstehst du jetzt noch nicht;
doch später wirst du es begreifen. Petrus entgegnete ihm: Niemals sollst du mir die Füße waschen! Jesus erwiderte ihm: Wenn
ich dich nicht wasche, hast du keinen Anteil an mir. Da sagte Simon Petrus zu ihm: Herr, dann nicht nur meine Füße, sondern
auch die Hände und das Haupt: Jesus sagte zu ihm: Wer vom Bad
kommt, ist ganz rein und braucht sich nur noch die Füße zu
waschen. Auch ihr seid rein, aber nicht alle. Er wußte nämlich,
wer ihn verraten würde; darum sagte er: Ihr seid nicht alle
rein.*

*Als er ihnen die Füße gewaschen, sein Gewand wieder ange-
legt und Platz genommen hatte, sagte er zu ihnen: Begreift ihr,
was ich an euch getan habe? Ihr sagt zu mir Meister und Herr,
und ihr nennt mich mit Recht so; denn ich bin es. Wenn nun
ich, der Herr und Meister, euch die Füße gewaschen habe, dann
müßt auch ihr einander die Füße waschen. Ich habe euch ein*

Beispiel gegeben, damit auch ihr so handelt, wie ich an euch gehandelt habe" (Joh 13,1–15).

„Wie stehst du zu ihm?" fragen wir einander. Dabei spielen die unterschiedlichen Positionen, von denen aus wir uns begegnen, eine wichtige Rolle. Wie stehst du: Höher? Tiefer? Auf gleicher Ebene?

Wir sehen uns am liebsten höher als die anderen. Dann schauen wir auf sie herab, oder wir schauen über sie hinweg, wir übersehen sie. Wir tragen den Kopf hoch oder die Nase, sind also hochnäsig. Wir lassen uns von oben herab. Oder wir reden über die Köpfe weg, wir waschen den anderen den Kopf.

Da ist es schon viel, wenn wir uns mit dem anderen auf gleicher Stufe sehen, ihn respektieren, ihn als gleichberechtigt anerkennen. Es ist schon viel, wenn wir ihm von Mensch zu Mensch begegnen. Solidarität ist gar nicht selbstverständlich. So wichtig sie ist, sie ist nicht alles.

Der letzte Platz

Jesus ist weitergegangen, er ist heruntergestiegen, auf die unterste Stufe. Er bückt sich tief nach unten, tiefer als die Jünger stehen oder sitzen. Er hat den Jüngern nicht den Kopf gewaschen, sondern die Füße. Mit herablassender Geste? Die Liebe läßt sich nicht herab, sie ist schon unten.

Wohlgemerkt: Es geht um die Füße, nicht etwa nur um die Schuhe. Schuhe putzen – das ist schon allerhand. Wir lassen uns nicht gern zum Stiefelputzer machen. Hier sind's nicht nur die Schuhe, sondern die Füße, mit denen wir unten auf der Erde stehen, die vom Staub der Erde dreckig werden und oft auch übel riechen. Man muß sich bücken, wenn man sie waschen will, sehr tief, bis auf den Boden. Das ist peinlich, das fällt aus dem Rahmen.

Da wird unser Gottesdienst direkt, da rückt er uns peinlich dicht auf den Leib, hautnah. Wir erwarten Jesus irgendwo oben in der Luft, und wir finden ihn unten auf dem Boden. Er ist nicht auf dem ersten, sondern auf dem letzten Platz. Nicht etwa nur pro forma! Nicht, als hätte er vorübergehend eine Rolle gespielt. Der letzte Platz ist der Platz seines Lebens. Jesus läßt das Unterste und Niedrigste, für das wir uns immer wieder zu schade sind, nicht unerledigt. Er nimmt sich dessen an, auch in unserem Leben. Er trägt den unerledigten Wust unseres Lebens, den ganzen Bodensatz.

Konsequenzen

Wie reagieren die gegenüber auf der anderen Seite? Ich kann den Petrus gut verstehen: „Herr, du willst mir die Füße waschen? ... Niemals sollst du mir die Füße waschen!" (6.8). Petrus merkt: Das hat Konsequenzen. Leichter ist es, Jesus den Ehrenplatz zu geben, als ihm den letzten Platz zu lassen. Letzteres hat Konsequenzen für das eigene Verhalten. Zudem: Leichter ist es, jemandem die Füße zu waschen, als sie sich waschen zu lassen. Denn da muß ich eingestehen, daß meine Füße dreckig sind, daß ich es nötig habe, sie waschen zu lassen. Ich muß mir helfen lassen. „Wenn ich dich nicht wasche, hast du keine Gemeinschaft mit mir ..." (8).

Jesus ist heruntergestiegen, auf die unterste Stufe, auf den letzten Platz. Er hat sich gebeugt unter die Last der anderen, unter unsere Last. Er hat das Unterste nicht unerledigt gelassen. Er hat es ertragen, bis zum bitteren Ende, bis zum Tod am Kreuz. Ertragen, dieses Wort hat heute keinen guten Klang. Veränderung ist Trumpf. – Natürlich soll das, was sich zum Besseren wenden läßt, geändert werden. Aber es gibt Verhältnisse in uns und um uns, in

unserer Gesellschaft, die kaum zu ändern sind, gar un-
abänderlich. Da muß man sich tief bücken und die Last
auf sich nehmen. Das kann im wahrsten Sinne des Wortes
subversiv sein, das kann eine Veränderung von unten be-
wirken, im Namen Jesu Christi. Das bringt jedenfalls eher
eine Wende zum Besseren, als wenn man nur die anderen
und die anonymen Strukturen verteufelt und sich im übrigen vor den Kalamitäten vor der eigenen Haustür drückt.

Toleranz ist für den modernen Menschen eines der
höchsten Güter. Die sich darauf berufen, wissen zumeist
nicht, was das Wort meint. Keineswegs nur, den anderen
laufen zu lassen nach dem bekannten Motto: Jeder soll sehen, wie er zurecht kommt. ‚Toleranz' kommt aus dem
altchristlichen Sprachgebrauch. Das Wort ist vom Hohen-
lied der Liebe inspiriert: „Die Liebe (er)trägt alles" (1 Kor
13,7). Es ist nicht damit getan, den anderen sich selbst zu
überlassen. Es geht darum, ihm unter die Arme zu greifen,
damit er auf die Beine kommt und aufrecht gehen kann.
Man denke an den Samariter aus dem Evangelium. Toleranz meint, den anderen anzunehmen und ernst zu nehmen in seinem Anderssein.

Die Erzählung von der Fußwaschung endet mit einer
Seligpreisung. „Selig seid ihr, wenn ihr das wißt und danach handelt ..." (17). Wir meinen vielleicht, die Position
auf unterster Ebene sei alles andere als beseligend. Und
doch, wir werden erfahren, daß das nicht die schlechte-
sten Stunden in unserem Leben sind, in denen wir, statt
von oben herab, von unten zum anderen schauen und
seine Last mittragen. Wir ahnen wohl, daß wir so uns als
Christen erweisen.

Die Feier des Herrenmahls

*„Denn ich habe vom Herrn empfangen, was ich euch dann über-
liefert habe: Jesus, der Herr, nahm in der Nacht, in der er ausgeliefert wurde, Brot, sprach das Dankgebet, brach das Brot und
sagte: Das ist mein Leib für euch. Tut dies zu meinem Gedächtnis! Ebenso nahm er nach dem Mahl den Kelch und sprach: Dieser Kelch ist der Neue Bund in meinem Blut. Tut dies, sooft ihr
daraus trinkt, zu meinem Gedächtnis! Denn sooft ihr von diesem Brot eßt und aus dem Kelch trinkt, verkündet ihr den Tod
des Herrn, bis er kommt. Wer also unwürdig von dem Brot ißt
und aus dem Kelch des Herrn trinkt, macht sich schuldig am
Leib und am Blut des Herrn. Jeder soll sich selbst prüfen; erst
dann soll er von dem Brot essen und aus dem Kelch trinken.
Denn wer davon ißt und trinkt, ohne zu bedenken, daß es der
Leib des Herrn ist, der zieht sich das Gericht zu, indem er ißt
und trinkt" (1 Kor 11,23–29).*

Das gibt zu denken, es ist uns ins Gedächtnis geschrieben: Die letzte Zusammenkunft Jesu mit den Jüngern vor
seinem Tod ist ein Mahl. Der Ernst der Stunde ist unver-
kennbar. Die Nacht ist angebrochen, „in der er ausgeliefert wurde …" (23). In dieser Stunde wird das Abendmahl
gefeiert, das Zeichen des Neuen Bundes.

Ein gemeinsames Essen schafft Gemeinschaft. So auch
das Abendmahl. Es schafft Verbindung und Verbindlich-
keit, es stiftet den Neuen Bund. Die Erinnerung daran
wird bewahrt, Worte und Handlungen, Gesten werden
festgehalten, prägen sich dem Gedächtnis ein: „Tut dies
zu meinem Gedächtnis!" (25). Die Jünger tragen dafür
Verantwortung. Sie werden in diese Tradition eingeweiht,
sie sollen sie weitertragen.

In persona Christi

Um diese verbindliche Tradition geht es dem heiligen Paulus. Nur an wenigen Stellen erzählt er. In aller Regel legt er den Glauben dar, er argumentiert, setzt sich mit anderen auseinander. An dieser zentralen Stelle (wie übrigens einige Kapitel weiter bei der Auferstehung) tritt er für einen Augenblick aus der Reflexion heraus und erzählt in knappen Sätzen das Abendmahlsgeschehen. So geschieht es über die Jahrhunderte hin bei jeder heiligen Messe. Man kann das Abendmahl nur festhalten und sich ereignen lassen, indem man es erzählt und die einfachen Handlungen und Gesten Jesu nachvollzieht. In persona Christi!

„Er brach das Brot" (24). Das Brotbrechen – so wird das Abendmahl von Anfang an bezeichnet. Die Jünger erkennen den Auferstandenen „beim Brotbrechen" (Lk 24,35). Klingt das nicht fast gewaltsam? Das Brot wird gebrochen, geteilt. Wie das Weizenkorn in die Erde fällt und zerbricht, damit neues Korn wächst, wie die Körner gemahlen werden, damit Brot wird, so wird das Brot gebrochen. Wollen wir es essen, müssen wir es teilen. Das ist wie ein Zeichen: Das „Brot des Lebens" wird gebrochen, damit es uns zuteil wird: „Das ist mein Leib für euch", sagt Jesus (24), so bin ich für euch. Das Brot des Lebens kommt uns zugute, indem es gebrochen wird. Jesus geht seinen Weg zu Ende und zerbricht.

Und der Kelch: „Dieser Kelch ist der Neue Bund in meinem Blut" (25). Auch der Wein ist ein Zeichen: Die Traube wird gekeltert (zerbrochen), damit Wein wird. Die Seite des Gekreuzigten wird geöffnet, es fließt Blut. „Der Neue Bund in meinem Blut …" Christus bindet sich an uns, und diese Bindung zerbricht nicht im Tod, sie hält den Tod aus, sie wird durch die Hingabe des Lebens besiegelt. Bis zum letzten, bis aufs Blut hält er diesen Neuen Bund mit uns durch. Wir können aus der Welt heraussterben, aber nicht aus der Gemeinschaft mit ihm.

Unser Leben birgt Zerbrochenes, Dunkelheiten. Jesus läßt sich darauf ein, indem er unsere Zerbrechlichkeit zu seiner eigenen macht. Ohne schützenden Abstand geht er mit in das Dunkel der Nacht, das uns umgibt. Wem könnten wir mehr vertrauen als dem, der neben uns aushält? Er erweist seine Treue darin, daß nichts in der Welt ihn von unserer Seite vertreiben kann! Die Eucharistie ist nicht ein Mahl der Seligen, sondern der Angefochtenen.

Leib Christi

„Das ist mein Leib für euch." Das Wort der Wandlung! Indem Christus so mit Leib und Blut real präsent ist, ganz da für uns, geschieht etwas mit uns. Die Wandlung geht nicht über uns hinweg oder an uns vorbei, sie erfaßt uns selbst. Wir werden Leib Christi.

Die Kirche ist der Leib Christi, sagen wir. Was heißt das? Es kommt nicht von ungefähr. Der Grund liegt im Abendmahl: „Das ist mein Leib für euch." Bedenkt, was dieser Leib in sich hat, er schließt euch zum Leib Christi zusammen.

„Empfangt, was ihr seid: Leib Christi,
damit ihr werdet, was ihr empfangt: Leib Christi"
(Augustinus).

Von hierher wird deutlich, wer zum heiligen Mahl einlädt. Nicht wir laden ein; die Tischgemeinschaft erwächst nicht aus unserer gegenseitigen Sympathie, nicht einmal aus unserer „Würdigkeit". Christus lädt ein; es geht an den „Tisch des Herrn", zum „Mahl des Lammes". Er und er allein steht in der Mitte, er und er allein will gehört und empfangen werden. Der Priester handelt in seinem Auftrag, „in persona Christi".

Die wahre Unwürdigkeit

Die Abendmahlsgeschichte hat bei Paulus ein Nachwort. „Wer also unwürdig von dem Brot ißt und aus dem Kelch des Herrn trinkt, macht sich schuldig am Leib und Blut des Herrn" (27). Man kann unwürdig zum Tisch des Herrn gehen. Das wissen wir. Was macht uns unwürdig? Wir denken: schwere Sünde, mangelnde Vorbereitung …

Sicher, das ist unbestritten. Aber der Apostel hat hier eine besondere Sünde im Auge: die Sünde gegen den Leib des Herrn, der die Gemeinde ist. Er sieht, was in Korinth los ist (und nicht nur dort). Tiefe Risse sind in der Gemeinde, Streit, Spaltung. Die Spannungen, die in der Luft liegen, entladen sich wie so oft bei Tisch. Das Abendmahl selbst wird zur Zerreißprobe. Tisch steht gegen Tisch.

Damals hat man das Abendmahl noch zusammen mit dem Liebesmahl gefeiert. Da kommen also die, die alles haben, und sie lassen sich's gut sein. Und die Habenichtse stehen draußen und gucken in die Röhre. Das darf doch nicht wahr sein, sagt Paulus. Ihr seid unwürdig gegenüber dem Leib des Herrn, nicht nur gegenüber dem, den ihr empfangt, sondern gegenüber dem Leib, der ihr seid als Gemeinde. Ihr eßt und trinkt, ohne daß ihr bedenkt, daß ihr der Leib des Herrn seid. „Denn wer davon ißt und trinkt, ohne zu bedenken, daß es der Leib des Herrn ist, der zieht sich das Gericht zu, indem er ißt und trinkt" (29). Das gilt nicht nur für die damalige Gemeinde.

Es darf nicht sein, daß die Kirche im Norden immer mehr den Anschein einer Religion des Wohlstandes erweckt und daß sie im Süden wie eine Volksreligion der

Unglücklichen wirkt, die brotlos sind und deren Brotlosigkeit sie buchstäblich von der eucharistischen Tischgemeinschaft ausschließt. Es darf nicht sein, daß in der Kirche wie in der Gesellschaft die Notleidenden und die Zuschauer der Not einfach nur auf ihren Plätzen bleiben. Die „Eine-Welt-Kirche" darf schließlich nicht in sich selbst die sozialen Gegensätze unserer Welt einfach nur widerspiegeln. Sie muß alles dransetzen, diese Gegensätze im Namen des einen Leibes Christi zu überwinden.

Dem heiligen Paulus geht es nicht nur um das rechte Sozialverhalten beim Herrenmahl. Eucharistie und Liebesmahl gehören für ihn zusammen, sind aber nicht eins. Erst die reale Präsenz des Herrn unterscheidet das Herrenmahl von allen anderen Mahlzeiten. Worauf alles ankommt, ist dies: Der Herr schenkt sich selbst in seinem Mahl. Alles andere, auch das Miteinander, bekommt von daher seine Begründung. Erst die Gemeinschaft mit dem Leib Jesu Christi bewirkt die Gemeinschaft im Christusleib der Kirche. Darum gibt es auch eine Unwürdigkeit gegenüber dem Leib Jesu Christi selbst. Das darf gerade heute bei dem häufigen Kommunionempfang nicht in Vergessenheit geraten. Der Altartisch, der Tisch des Herrn, darf nicht mit einem x-beliebigen Tisch verwechselt werden. Unterscheidung tut not. Wer nicht an die Gegenwart des Herrn glaubt, darf nicht zu seinem Tisch treten, er darf nicht zugelassen werden.

„In der Nacht, in der er ausgeliefert wurde..." (23). Jesus hat erlebt, was es heißt, Menschen in die Hände zu fallen. Gleich wird er uns in die Hand gegeben: „Der Leib Christi" – in unsere Hand gelegt. Dann sind wir gefragt, wie wir handeln.

KARFREITAG

„... denn durch dein heiliges Kreuz hast du die Welt erlöst"

„Wir beten dich an, Herr Jesus Christus, und preisen dich, denn durch dein heiliges Kreuz hast du die Welt erlöst." Soll das Kreuz die Lösung, die Erlösung der Menschheit und Welt sein? Es wirft doch eher Fragen auf: „Mein Gott, mein Gott, warum hast du mich verlassen?" (Mk 15,34).

Gottes Machtverzicht

Israel hat Erlösung zunächst anders verstanden: Das Urdatum der Erlösung des Gottesvolkes ist die Befreiung aus der Knechtschaft Ägyptens. Gott kämpft leidenschaftlich auf der Seite seines Volkes gegen die Knechtschaft. Erlösung als Befreiung! Israel hat dieses Urdatum der Erlösung immer neu bedacht, besprochen und besungen:

„Ich singe dem Herrn ein Lied,
denn er ist hoch und erhaben.
Rosse und Wagen warf er ins Meer" (Ex 15,1).

Können wir einfach in dieses alte Befreiungslied einstimmen? Wenn's nur die Rosse und Wagen wären mit dem Kriegsmaterial – wer würde da nicht aus voller Kehle mitsingen? Aber es heißt weiter:

„Pharaos Wagen und seine Streitmacht warf er ins Meer.
Seine besten Kämpfer versanken im Schilfmeer"
(Ex 15,4).

20

Auch die Soldaten sind umgekommen, durch Gottes Hand. Ist das die Lösung, ist das Erlösung? Israel hat immer wieder versucht, Gott in die Rolle des starken Mannes zu bringen, der mit eisernem Zepter regiert, auf die Feinde dreinschlägt, der klare Verhältnisse schafft und reine Bahn. Gott ist nicht selten zur Supermacht geworden. Aber er läßt sich in diese Rolle des Kriegshelden „mit erhobener Hand und machtvollem Arm" nicht einspannen. Es ist eine Täuschung, wenn man ihn so sieht, und das Ganze muß zur Enttäuschung führen.

Israel muß im Exil lernen, daß Gott ganz anders ist. Ist er ohnmächtig? Hat er sich im Groll zurückgezogen? Sieht er nicht, wie sein Volk trotz aller Verfehlungen ihn nicht vergessen kann? In den finstersten Stunden seiner Existenz, dort wo es in Babylon am toten Punkt angekommen ist, dämmert dem Volk, daß Gott sich nicht mit Gewalt durchsetzen will. In seiner eigenen Ohnmacht kann es schließlich Gottes Machtverzicht bejahen. Gott offenbart sich im Laufe der Geschichte nicht durch ständige Machterweiterung, sondern durch wachsenden Machtverzicht. Er erweist seine Stärke dadurch, daß er sich immer mehr zurücknimmt. Das Geheimnis seiner Allmacht ist seine ohnmächtige Liebe und Treue.

Dem Knecht Israel, der um Hilfe schreit, antwortet Gott mit der prophetischen Vision des Gottesknechtes, der im Verzicht auf Gewalt seinen Leidensweg geht und gerade darin die verwandelnde Macht Gottes offenbart. Gottes Allmacht ist die Ohnmacht seiner Treue und Liebe, die den Weg der Menschen bis zum äußersten mitgeht. Der Weg der Erlösung ist der Weg des Gottesknechtes.

Eine Schwäche für die Schwachen

Jesus ist nicht wie ein junger Gott am Leiden vorbei und über die Not und das Elend der Menschen hinweggegangen. Er hat Angst, Not, Schmerzen und Aussichtslosigkeit am eigenen Leib erfahren. So ist das Leben auf dieser Welt: kein Honigschlecken, sondern ein Sich-Abrackern und -Abmühen mit den Schwächen und Fehlern der anderen und den eigenen. Ein jeder kämpft darum, einigermaßen glimpflich und unbeschadet über die Runden zu kommen, und doch steht am Ende der Tod. So ist das Leben. Ständig gefährdet, von Angst begleitet und allemal sterblich.

Jesus ist nicht als der große, starke Mann aufgetreten, der von oben herab mit eisernem Zepter regiert und endlich reine Bahn macht und für klare Verhältnisse sorgt. Die Erfahrung des Scheiterns ist ihm nicht fremd. Er trägt die Wunden sichtbar am Leib und ist daran zu erkennen, wie es Thomas zeigt. Er geht die dunklen Wege der Ohnmacht und Niederlagen mit bis zum toten Punkt. Er wird ein Opfer von Borniertheit, Haß und Ungerechtigkeit. Er hat gelitten, ist gekreuzigt und begraben worden. Wer gegen das Leiden kämpft, dem bleibt das Leiden selbst nicht erspart. Er hat im Ölgarten auf das Schwert verzichtet (Mt 26,51f), auch auf die Legionen Engel, die zu seiner Rettung eingreifen sollten. Er geht freiwillig in ein Gerichtsverfahren, das ihm keine Chancen läßt. Er läßt sich lieber niederschlagen und aufs Kreuz legen, als daß er andere niederschlägt. Er steigt nicht herab vom Kreuz, obwohl die Leute ihn dazu auffordern und er es könnte. Er setzt nicht Gewalt gegen Gewalt. So offenbart er Gott, der den Teufelskreis von Gewalt und Gegengewalt sprengt, der die Leiden dieser Welt teilt und durch sie hindurch Erlösung stiftet.

Ist das nicht Schwäche, ist Gott hier nicht weit unter seinem Niveau? Von außen betrachtet, mag das so scheinen, in Wahrheit aber liegt da Gottes Stärke und verwandelnde Kraft.

In der Regel bleiben die Starken unter sich. Dafür gibt es in unserem Land und erst recht in der weiten Welt leider immer mehr Beispiele. Die Macht, die sich die Mächtigen gegenseitig zusprechen, einander weiterreichen oder entreißen, erhält den Status quo: hier Mächtige, dort Ohnmächtige. Sie steht nur für die stärkere Hälfte des Ganzen, ist also im wahrsten Sinne des Wortes halb-stark. Das Scheitern wird ausgeblendet, Niederlagen dürfen nicht sein in der Welt gnadenloser Erfolge. Jesus nimmt die Wirklichkeit mit ihren Höhen und Tiefen, Stärken und Schwächen, mit den Licht- und Schattenseiten, mit den hellen und dunklen Punkten. Er hat eine Schwäche für die Schwachen. Seine verwandelnde Macht umfängt nicht nur die Starken, sondern auch und gerade die Schwachen. Die Allmacht Gottes ist jene Macht der Liebe, die sich gerade auch auf die Letzten bezieht. Gott ist nicht allmächtig, weil er vordergründig alles kann, was er will, sondern weil er auch denen zugewandt bleibt, die am Boden liegen und abgeschrieben sind. Ist das Schwäche? Das ist Stärke. Das ist die größere Macht, weil sie neue Energien freisetzt, neue Wege aufstößt, eine neue Schöpfung entstehen läßt.

Der das Leben in allen seinen Dimensionen lebte und erlitt, der sich nicht an sein Leben klammerte, sondern es hingab für die anderen, er wird von Gott mit neuem Leben beschenkt, das unsterblich ist.

„Wir beten dich an Herr Jesus Christus und preisen dich, denn durch dein heiliges Kreuz hast du die Welt erlöst." Gott geht es nicht um die Liebe zur Macht, sondern um die Macht der Liebe. Die hat Zukunft. Die ist stärker als der Tod. Ostern steht dafür.

Im Zeichen des Kreuzes

„Wir haben mehr davon ...“

Eine Frau liegt im Krankenhaus. Nach einer schweren Operation entdeckt sie über ihrem Bett ein Kreuz. Sie will danach greifen; aber es gelingt ihr nicht, sie ist zu schwach. Nach wiederholtem Versuch hält sie es schließlich in der Hand. Es entgleitet ihr aber, fällt zu Boden und zerbricht. Sie schreit auf. Eine Krankenschwester kommt. Sie sieht, was passiert ist und sagt: „Beunruhigen Sie sich nicht! Das ist nicht so schlimm. Wir haben mehr davon.“

Was ist das Kreuz? Ein religiöser Gebrauchsartikel, den wir auf Lager haben und nach Bedarf aus der Schublade ziehen? Oder nach dem wir greifen und an dem wir uns festklammern? – Das Kreuz ist keine religiöse Erfindung, keine fixe Idee, auf die Jesus gekommen ist. Es ist ein Stück unserer Realität, unseres Lebens. Das Kreuz, das auf Golgota in die Erde eingerammt ist, steht für diese Realität.

Jesu Tod liegt in der Konsequenz seines Lebens. Der Konflikt, der in die Passion führt, ist nicht irgendein Streit, der leider tödlich ausgeht. Hier treffen die Geschichte Gottes und die der Menschen aufeinander. Das Kreuz offenbart den ganzen Abgrund menschlicher Gewalttätigkeit, die immer neu unschuldige Opfer fordert und Menschen leiden läßt; aber auch das Ausmaß von Gottes Gewaltlosigkeit. Jesus erleidet menschliche Gewalt, um eine Wende herbeizuführen und Gerechtigkeit zu schaffen.

Menschliche Gewalttätigkeit

Das Kreuz offenbart, wie zerstörerisch Gewalt werden kann. „Ecce homo": der geschundene Mensch. Nicht irgendeiner hängt da am Kreuz und stirbt. Nein – der wie kein anderer die Nähe Gottes verkündigt und gelebt hat, der wird gewaltsam umgebracht.

Christen machen sich über sich selbst und andere nichts vor. So sind wir Menschen jenseits von Eden, Söhne und Töchter Kains, aus diesem Holz geschnitzt. Unsere Geschichte ist voll mörderischer Gewaltgeschichten. Und wer gedacht hat, das sei mit der Aufklärung und bei den Aufgeklärten der Moderne anders geworden, wird bitter enttäuscht. Unser Jahrhundert ist nicht nur durch den wissenschaftlichen und technischen Fortschritt gekennzeichnet, sondern auch durch den „Fortschritt" der Folter und Unterdrückung.

Das Kreuz bringt das ganze Ausmaß faktischer Gewalttätigkeit in unserem Innern und in der Geschichte der Menschen unerbittlich auf den Tisch. Nicht Gott will das Kreuz, weil er Blut sehen will oder gar das Selbstopfer von Menschen sucht, sondern die Menschengeschichte ist so, daß der, der sich der mörderischen Gewalttätigkeit widersetzt, unter die Räder gerät. Wir machen uns keine Illusionen über uns als Christen, über unsere Geschichte. Wir verschleiern und verdrängen nicht, was ist. Wir schauen an, wer wir sind: nicht nur Wohltäter, sondern auch Übeltäter.

Nur was angeschaut wird, kann auch angenommen und verändert werden. Das ist der Anfang der Erlösung. Erst wenn wir in der Begegnung mit Christus und im Umgang miteinander unsere eigene Aggressivität und Gewalttätigkeit anschauen und annehmen, werden wir fähig, die Spirale der Gewalt zu durchbrechen. Darin liegt die befreiende Kraft des christlichen Gottesglaubens: Er eröffnet jenen Raum des Vertrauens und der Vergebung, in dem Menschen fähig werden, sich der Wahrheit ihres Lebens zu stellen und sich verwandeln zu lassen.

Gottes Gewaltlosigkeit

Das Kreuz offenbart nicht nur den Abgrund menschlicher Gewalttätigkeit, sondern auch den Abgrund göttlicher Gewaltlosigkeit. „Ecce homo": Seht den geschundenen Menschen – und den lebendigen Gott auf seiner Seite! „Ecce homo": Seht Jesus! Er ist einer von uns – und doch ganz anders als wir.

Jesus widersteht der Gewalttätigkeit nicht durch einen Akt der Gegengewalt, nicht durch eine Aktion seiner Allmacht, sondern durch die Passion seiner ohnmächtigen, machtvollen Liebe. Er zahlt nicht heim. Er steigt aus dem Gewaltspiel aus, er unterbricht es und wird dabei selbst zum Opfer. Das Kreuz ist das Zeichen unzerstörbarer Liebe. Sie schenkt Hoffnung über den Tod hinaus.

Jesus sagt uns mit dem Kreuz: Ihr müßt andere Wege suchen, ihr dürft nicht stehenbleiben beim „Auge um Auge, Zahn um Zahn". Rache und Vergeltung machen blind dafür, daß der andere Ebenbild Gottes ist. Gefragt ist eine Haltung, wie Martin Luther King sie gelebt hat: „Macht mit mir, was ihr wollt: Ich werde euch dennoch lieben."

In der Karfreitagsliturgie ist die Kreuzverehrung das Herz der Liturgie: „Seht das Holz des Kreuzes, an dem der Erlöser gehangen!" Es lädt ein zur Gewaltanschauung. Wir treten vor das Kreuz und gehen in die Knie. Nicht länger wird weggeschaut, wie es ansonsten üblich ist beim Anblick von Grausamkeiten. Nicht länger wird hingeglotzt wie bei einem Unfall auf der Autobahn. Nein, es ist der offene Blick auf das Opfer von Gewalt. Die ganze Grausamkeit menschlicher Gewalttätigkeit zwingt uns in die Knie. Und wir ehren den, der gewaltlos einen neuen Anfang machte und uns einlädt, ihm zu folgen. Er hat Zukunft.

Die nackte Wahrheit

„Da nahmen die Soldaten des Statthalters Jesus, führten ihn in das Prätorium, das Amtsgebäude des Statthalters, und versammelten die ganze Kohorte um ihn. Sie zogen ihn aus und legten ihm einen purpurroten Mantel um. Dann flochten sie einen Kranz aus Dornen; den setzten sie ihm auf und gaben ihm einen Stock in die rechte Hand. Sie fielen vor ihm auf die Knie und verhöhnten ihn, indem sie riefen: Heil dir, König der Juden! Und sie spuckten ihn an, nahmen ihm den Stock wieder weg und schlugen ihm damit auf den Kopf. Nachdem sie so ihren Spott mit ihm getrieben hatten, nahmen sie ihm den Mantel ab und zogen ihm seine eigenen Kleider wieder an“ (Mt 27,27–31a).

„Sie zogen ihn aus … Und verteilten seine Kleider unter sich“, so heißt es in der Leidensgeschichte (Mt 27,28. 35). Das ist die nackte Wahrheit – nicht im Begriff, in einer abstrakten Formel, sondern leibhaftig in Person: Jesus. „Sie zogen ihn aus …“ Mancher wird denken: ‚Davon spricht man doch nicht.‘

„Ecce homo“

Wer möchte sich schon eine Blöße geben? Aber wenn man ganz bloß dasteht? Wenn man gewaltsam ausgezogen und vorgeführt wird? Das ist schamlos, gemein, das ist erniedrigend und verletzend zugleich. Bis dahin ist es gekommen mit Jesus auf seinem Weg zu den Menschen. Das ist die nackte Wahrheit – über ihn und über uns. Der Karfreitag bringt sie an den Tag.

Das Verhalten derer, die Jesus den Prozeß machen, auch derer, die scheinbar unbeteiligt gaffen, ist eine einzige Schamlosigkeit. Schämen müssen sich die, die hinter Panzer und Uniform, allemal gut bekleidet, zu ihrem Nutzen und Spaß andere auszuziehen, und alle, die dabei tatenlos zuschauen, mit vermeintlich reiner Weste, heute wie damals.

Jesus ist ausgezogen worden, vor aller Augen. „Ecce homo – Seht da den Menschen!" Das ist die Wahrheit über uns: Nackt kommen wir zur Welt, nackt verlassen wir sie im Tod. „Sie erkannten, daß sie nackt waren", heißt es nach dem Sündenfall (Gen 3,7). Das ist unsere Situation jenseits von Eden. Was wir haben und uns umhängen, läßt uns nur allzuleicht vergessen, was wir sind: nackt. Die übergezogenen Würden sind nicht von Bestand. Aber können wir ohne sie leben? Die nackte Wahrheit ist schwer zu ertragen.

Betucht

Die Christen haben sich Jahrhunderte hindurch gescheut, Jesus am Kreuz darzustellen. Eine solch entwürdigende Hinrichtung ist nicht gerade einladend. Wer ist schon gern bei den Verlierern? Wer versteht die „Torheit" des Kreuzes (1 Kor 1)?

Als die Christen dann doch versuchten, Jesus am Schandpfahl darzustellen, umkleideten sie ihn mit langen Gewändern und einer kostbaren Krone. Die nackte Wahrheit der Erniedrigung bis zum Tod am Kreuz verschwand unter den königlichen Insignien der Erhöhung und Auferstehung. Auch als man in der Spätgotik zur realistischen Darstellung (etwa der des Isenheimer Altars) durchdrang, ließ man dem Gekreuzigten das Lendentuch. Hätte man ihn ganz entblößt, es wäre ein Skandal. Eben das ist das Kreuz, das ist Karfreitag.

Die Stunde der Wahrheit

Die ungeschminkte, die nackte Wahrheit! Sie trifft jeden von uns persönlich – bis ins Mark. Sie trifft uns als Kirche, sie holt uns nicht nur aus der Geschichte ein, sie fordert uns gegenwärtig heraus.

Gesellschaftlicher Einfluß, Ansehen, Akzeptanz – wir spüren, wie uns das alles immer mehr entgleitet und entrissen wird. Vieles, was wir vor Jahren noch wie selbstverständlich zu besitzen meinten, ist weg. Wie werden wir damit fertig?

Wir geben uns Blößen genug, wohl auch, weil wir unsere tatsächliche Blöße nicht wahrhaben wollen. Wir haben Angst, auf einmal „ganz ohne" dazustehen, ohne alles Drum und Dran, ohne das, was uns im Kreis der Erfolgreichen Ansehen verschafft.

Darum machen wir uns buchstäblich etwas vor. Wir decken uns zu mit allen möglichen Dingen, mit hektischer Geschäftigkeit, mit Papier. Aber das papierne Hemd ist allemal zu kurz. Wir haben tolle Kleider im Schrank, dicke alte Gewänder. Und viele Zeitgenossen erleben die Kirche in unseren Breiten immer noch so: gut betucht und kostbar gekleidet, wie der sagenhafte Kaiser mit seinen großartigen Kleidern. Bis ein Kind ruft: „Schaut mal, der Kaiser ist ja nackt."

Das kann es geben: eine Kirche, die meint, sie hätte alles, und so verblendet ist, daß sie ihre Armut und Blöße nicht wahrnimmt. Halten wir uns nur mit unseren Reichtümern und Habseligkeiten über Wasser? Das Wort des Sehers Johannes an eine der ersten Christengemeinden gibt zu denken. „Du behauptest: Ich bin reich und wohlhabend, und nichts fehlt mir. Du weißt aber nicht, daß gerade du elend und erbärmlich bist, arm, blind und nackt" (Offb 3,17).

Die Blöße scheint sehr deutlich durch, sie läßt sich auf Dauer nicht verbergen: die Armut an geistlicher Inspiration, an Glaubenskraft. Haben wir noch die Kraft, junge Menschen zu begeistern, Signale zu setzen für das kommende Jahrtausend? Sind wir nicht im wesentlichen damit beschäftigt, unsere Blöße zu bemänteln?

Karfreitag ist die Stunde der Wahrheit, der nackten Wahrheit. Es ist nicht leicht, ihr standzuhalten.

Eigenartig: Liebende begegnen einander nackt. Die Liebe macht es uns möglich, mit der nackten Wahrheit und in der Wahrheit zu leben. Vor Gott sind wir alle nackt. So liebt er uns, bis dahin, daß er seine Würde aufs Spiel setzt, um unsere Menschenwürde zu retten. Jesus, nackt am Kreuz! Der Karfreitag macht seine ganze Liebe offenbar. Diese Liebe ist unsere ganze Hoffnung.

„Vater, in deine Hände lege ich meinen Geist"

„Es war etwa um die sechste Stunde, als eine Finsternis über das ganze Land hereinbrach. Sie dauerte bis zur neunten Stunde. Die Sonne verdunkelte sich. Der Vorhang im Tempel riß mitten entzwei, und Jesus rief laut: Vater, in deine Hände lege ich meinen Geist. Nach diesen Worten hauchte er den Geist aus" (Lk 23,44–46).

Wenn jemand seinen Geist aufgibt, wissen alle, was gemeint ist. Wissen wir es wirklich? Es ist ein himmelweiter Unterschied, ob jemand nur aufgibt oder ob er sich gibt. Im letzten Fall ist nicht einfach nur Schluß, keine Kapitulation. Das Leben bekommt auch im Tod eine Richtung. Jesus hat nicht einfach nur aufgegeben, er hat sich gegeben, in andere Hände, in die Hände des Vaters: „Vater, in deine Hände lege ich meinen Geist" (46). Das ist das letzte Jesus-Wort nach Lukas in der Reihe der sieben Kreuzesworte. So hat Jesus sein Leben gegeben: „Vater, in deine Hände …"

Emanzipation

„In deine Hände…" Unsere neuzeitliche Geschichte ist von einem wichtigen Wort geprägt, das zunächst in die entgegengesetzte Richtung zeigt: Emanzipation! Das kennen wir alle: Emanzipation des Bürgers, Emanzipation der Jugendlichen, Emanzipation der Frau. Darin steckt das lateinische Wort ‚manus'. Zu deutsch meint Emanzipation:

aus den Händen heraus, sich lösen aus der Handhabe anderer, sich befreien aus der Verfügungsgewalt von Menschen. Das ist ein wichtiger Vorgang. Kein Mensch kann den anderen als sein Eigentum betrachten. Keiner darf über ihn verfügen, ihn vereinnahmen wollen. Keiner hat das Recht, Menschen zu handhaben, zu „manipulieren". Emanzipation ja, auch in der Kirche – wenn es um die Befreiung aus den Händen der Herrschaften dieser Welt geht oder aus der Macht der Verhältnisse, um Befreiung von uns selbst.

Von Gott?

Aber wenn der Mensch sich von Gott emanzipieren will, wenn er sich seiner Hand entzieht? Das hat Folgen. Wer trägt uns dann, wenn die Hand Gottes nicht mehr da ist? Tragen wir uns selbst? Ob wir uns da nicht gefährlich überheben? Wer sind wir denn? Woher kommen wir?

Die Bibel erzählt das auf den ersten Seiten in ganz einfachen Bildern. Gott formt den Menschen aus „Erde vom Ackerboden". Das ist der Stoff, aus dem wir kommen, nicht himmlisch, sondern ganz und gar irdisch, von der Erde aufgehoben, wie aus dem Nichts. Da kommen wir her. Keiner von uns hat sich selbst gemacht. Wir sind allemal Empfangene – aus Gottes Hand. Wir sind und bleiben uns selbst vorgegeben. – Manchmal sagen wir: das Leben ist hart. Du mußt es dir teuer erkaufen. Es wird dir nichts geschenkt. Stimmt das so? Wer von uns kann sich das Leben erkaufen? Es wird ihm geschenkt. Wir kommen aus Gottes Hand.

Wer das nicht mehr weiß, der meint schließlich, er müsse sich selber schaffen. Das wird böse enden. Er gerät in immer neue Abhängigkeiten von sich und von anderen. Er verwickelt sich in heillose Zwänge und kommt schließlich unter die Tyrannei der eigenen Leistung. Frei bleibt er nur, wenn er nicht vergißt, woher er kommt und wer ihn trägt. Es gibt letztlich nur einen Weg, der Manipulation durch Menschenhand zu entgehen: Wir dürfen uns der Hand Gottes anvertrauen. Er trägt uns. Die Herrschaft Gottes allein kann die Herrschaft von Menschen über Menschen beenden.

Jesu Weg

Jesus hat uns die Herrschaft Gottes eröffnet. Sie ist Inhalt seines Lebens. Von A bis Z geht es ihm um Gott, vom ersten bis zum letzten Wort. Das erste Wort Jesu im Lukasevangelium heißt: „Wußtet ihr nicht, daß ich in dem sein muß, was meinem Vater gehört?" (2,49). Und das letzte Wort: „Vater, in deine Hände lege ich meinen Geist" (23,46). Das ist Jesu Leben. Er kehrt den Weg Adams um. Der Mensch will sein wie Gott. Er denkt schließlich, er könne sich selber tragen. In seinem Emanzipationsdrang will er sich schließlich auch von Gott emanzipieren. Gott wird Mensch, um dem Menschen zu zeigen, worauf es ankommt: Er kann sich getrost Gott überlassen: „Vater, in deine Hände …"

Jesu Weg kann unser Weg werden. Wir können uns in Gottes Hand geben, in seine offene Hand, die uns trägt und hält auch über Abgründen. Darauf ist Verlaß. Aber können wir uns loslassen?

Sich loslassen

In der Komplet, dem Abendgebet der Kirche, heißt es wiederholt: „Herr, auf dich vertraue ich, in deine Hände lege ich mein Leben." Dieses Wort ist mir in den letzten Jahren immer wichtiger geworden. Ich sehe meine Hände, was sie tragen können und was nicht, was sie ausrichten und was sie anrichten. Je mehr ich das wahrnehme, desto mehr hilft es mir, wenn ich am Ende eines Tages sagen kann: „Herr, in deine Hände lege ich mein Leben." Das ist wie eine Einübung ins Loslassen, ins Schlafen. Und der Schlaf ist eine Einübung ins Sterben.

Ich wünsche mir, daß ich das am Ende meines Lebens sagen kann: „Herr, in deine Hände lege ich mein Leben." Ich wünsche es Ihnen. Vielleicht fangen Sie heute schon damit an, dieses eine Wort zu sprechen, als Gebet, am Abend oder auch sonst: „Herr, in deine Hände lege ich mein Leben." Mehr brauchen wir am Ende eigentlich nicht zu wissen, das genügt als Summe des Lebens: „Herr, in deine Hände lege ich mein Leben."

„Hinabgestiegen in das Reich des Todes"

„Deinen Tod, o Herr, verkünden wir, und deine Auferstehung preisen wir..." Wenn wir vom Kreuz Jesu sprechen, sind wir in der Regel sehr schnell bei der Auferstehung; zu schnell bisweilen – denn der Tod hat sein spezifisches Gewicht. Das gilt besonders für den Tod Jesu. Wie kein anderer Tod weist er uns in die Tiefe. Wer sich auf diesen Tiefgang nicht einläßt, für den wird auch Ostern an der Oberfläche bleiben.

Am toten Punkt

Das Glaubensbekenntnis möchte uns ausdrücklich in die Tiefe führen. Bevor die Auferstehung zu Wort kommt, steht dieser tiefgründige Satz: „Hinabgestiegen in das Reich des Todes ..." – eingefügt wie der Karsamstag zwischen Karfreitag und Ostern, damit wir nicht so einfach darüber weggehen, sondern eine Pause machen, den Atem anhalten. Denn es ist Atemwende, Zeitenwende – wie wenn die Stunde zwölf geschlagen hat mitten in der Nacht, und der neue Tag ist noch nicht da, sondern der Nullpunkt. Im Ablauf der Zeit nehmen wir ihn kaum wahr, aber im Leben ereilt er uns, wenn wir tatsächlich am Nullpunkt sind und er sich in die Länge zieht, wenn wir über den toten Punkt nicht hinwegkommen.

Jesus hat die Nacht des Todes, den toten Punkt, nicht romantisch verklärt. Er hat sich weder das Leben noch das Sterben unter der Hand ermäßigt oder billig gemacht. Sein

Abstieg ging tief, mitten in das Reich des Todes hinein. Bis in die tiefste Tiefe ist er nach unten hinabgestiegen. Es braucht Zeit, den Karsamstag und mehr, um das ganze Ausmaß des Todesreiches zu durchschreiten und zu durchleiden. Das Weltreich Tod ist ja nicht im Handumdrehen aus den Angeln zu heben. Um es wirklich tödlich zu treffen, bedurfte es aller Entschiedenheit. Jesus ging nicht wie der traurige Sänger Orpheus zu einem Spaziergang in die Unterwelt, um möglichst schnell wieder herauszukommen. Nein, er blieb drin, bis er den Tod selbst gleichsam erschöpft und ein für allemal überwunden hatte. Nur wer derart zur Hölle geht (früher sagten wir: „Hinabgestiegen zu der Hölle"), kann das Tor zum Himmel öffnen und durchschreiten.

„Hinabgestiegen in das Reich des Todes…" Wir bekennen, daß Jesus gleichsam sehenden Auges und mit klarem Bewußtsein in den Tod gegangen ist. Er ist nicht wie ein hilfloses Opfer nach unten abgesackt. Aufrecht und frei hat er angenommen, was zu leben und zu sterben ihm zugemutet wurde. Er, der die Mächte des Todes mitten im Leben aufspürte, der voll einstieg für die Kranken und Armen, er ist auch ganz eingestiegen, als es um die tödliche Konsequenzen dieses seines Lebens ging – bis zum bitteren Ende, und weit darüber hinaus.

Bündnis mit den Toten

„Hinabgestiegen in das Reich des Todes …" Bis dahin ist er heruntergekommen, bis zu den Toten. Er hat ihr Los geteilt. Wie er einer von uns geworden ist, so ist er einer von ihnen geworden. Er hat sich mit den Toten verbündet. Die Heilstat seines Kreuzes gilt bei weitem nicht nur den Lebenden, sie schließt auch alle ein, die vorher oder nachher gestorben sind.

Als Toter ist Jesus zu den Toten hinabgestiegen. Und doch ist er nicht einfach nur solidarisch einer von ihnen. Solidarität ist viel, aber nicht alles. Als Toter unter Toten – wenn das alles wäre, wir bräuchten nicht weiter darüber zu reden. Von Jesus und seinem Abstieg in das Reich des Todes ist mehr zu sagen. In ihm ist Gott zu den Toten gekommen, Gott selbst in Person. „Da er die Seinen liebte, liebte er sie bis zur Vollendung ..." (Joh 13,1). Sein Tod ist der äußerste Akt dieser gottmenschlichen Liebe. Sie ist stärker als der Tod. Sie ist das Lebendigste, das es gibt. Sie ist das Leben der Toten. Die Schattenexistenzen im Reich des Todes werden Bürgerinnen und Bürger im Reiche Gottes.

„Hinabgestiegen in das Reich des Todes ..." Dieser Glaubenssatz ist mir lange Zeit sehr fern und fremd gewesen. Je älter ich werde, desto mehr ist „das Reich des Todes" nicht mehr irgendeine mythische Vorstellung, sondern ganz konkret bevölkert: mein Vater, meine Mutter, Geschwister, Angehörige, die zu mir gehören wie ich zu ihnen, Freunde ... Und ich stelle mir vor, Jesus ist zu ihnen allen hinabgestiegen, zu den vielen vor uns; zu Adam und Eva, Noah, Abraham und Sara, Mose, Jeremia und Jona, zu denen, die gerufen haben: „Aus dem Bauch der Unterwelt höre mein Schreien, höre mein Rufen!" (Jon 2,3). „Aus der Tiefe rufe ich zu dir, Herr, höre meine Stimme!" (Ps 130,1f). Er ist hinabgestiegen zu den vielen, die spurlos verschwunden sind, deren Name in keinem Lexikon steht, an die niemand denkt, zu den vergessensten Toten. Er ist hinabgestiegen zu allen, „die in Finsternis sitzen und im Schatten des Todes".

Die Ostkirche hat in ihren Ikonen dargestellt, wie Jesus hinabsteigt in die Bauchhöhle der (Mutter) Erde und Adam beim Schopf greift und Eva und sie heraufführt ans Licht. Er reißt sie heraus aus ihren Gräbern ins Leben. Im Herzen der Erde explodiert seine österliche Kraft, gegen die kein Todeskraut gewachsen ist. Und die ganze Menschheit mit samt der Schöpfung ist mitgerissen von ihm. Da er gar die Mächte des Todes entwaffnet, kommt er uns, den noch Lebenden, mit entwaffnender Güte entgegen, damit wir in ihm sterben und leben können.

Totengedächtnis

„Hinabgestiegen in das Reich des Todes ..." Wenn wir Christen das Gedächtnis des Todes und der Auferstehung Jesu Christi feiern, gedenken wir der Toten. In den vergangenen Jahren und Jahrzehnten ist die Einsicht gewachsen, daß wir dieses Mahl nicht als einzelne feiern, sondern miteinander und füreinander. Dieser soziale Sinn der Eucharistie endet nicht bei den Lebenden. Die vielbeschworene Solidarität wäre nur eine halbe Sache, wenn sie vor den Toten haltmachte. Darin bewährt der Glaube in der Feier der Eucharistie seine ganze soziale Kraft, daß er die Toten beim Namen nennt und im Gedächtnis bewahrt. „Herr, gedenke derer, die uns im Zeichen des Glaubens vorangegangen sind; gedenke aller, um deren Glaube niemand weiß als du." Das wird die Kirche auch dann noch beten, wenn wir alle längst zu den Toten gehören. Sie betet es in der Gewißheit, daß Jesus hinabgestiegen ist in das Reich des Todes, um die Toten dort abzuholen und sie mitzunehmen in seinen Aufstieg zu Gott, unserem Vater.

OSTERN

Stufenerfahrungen

Stufen zum Glück?

„Stufen" lautet der Titel eines polnischen Kurzfilms. Ein Mann, jung, dynamisch, sportlich, steht vor einem großen Berg von Stufen. Sie sind ineinander verkeilt, ein ganzes Stufengewirr. Der Mann macht sich auf den Weg. Er steigt hoch, Stufe um Stufe, zunächst wie im Flug. Auf einmal sieht er, daß er sich auf einen Nebelgipfel zubewegt. Er eilt zurück. Dann steigt er wieder auf, dem höchsten Gipfel entgegen. Aber allmählich verändert sich sein Gesicht. Er wird älter, er läßt nach. Zwei Stufen auf einmal schafft er nicht mehr. Er muß Pausen einlegen. Er setzt sich und ruht sich aus. Dann geht er mit letzter Kraft weiter auf den Gipfel zu. Fünf Stufen hat er noch vor sich, da bricht er zusammen. Noch einmal rafft er sich auf: vier Stufen, drei Stufen, noch zwei, noch eine. Dann ist er oben. Er richtet sich auf, tut einen weiten Blick – dann bricht er zusammen. Einen Augenblick liegt er da, dann verändert sich sein Aussehen. Er verliert sein Gesicht und gleicht sich den Stufen an. Der Stufenberg ist um eine Stufe höher geworden.

Das ist ein erregender Kurzfilm. Kein Wort wird gesprochen. Die Bilder sprechen für sich. Sie sagen alles. Sie sprechen von einer Hoffnung, daß immer mehr Menschen diesen Stufenweg nach oben finden, daß neue Höchstleistungen erreicht werden und schließlich eine Gesellschaft heranwächst, die auf dem Stufenplateau in Glück das Leben genießen kann.

Hoffnung für alle?

Ist das die Entwicklung der Menschheit? Ist das die Summe des Lebens? Man hat etwas eingesetzt, man hat etwas geschafft, und das zusammengenommen ergibt immerhin eine Stufe. Mit anderen Worten: Die Kinder sollen es besser haben. Ist das alles? Fragen über Fragen türmen sich auf: Ist der Stufenberg nur für die da, die sportlich und leistungsstark genug sind, um hinaufzukommen und die Entwicklung der Menschheit ein Stück weiterzubringen? Was ist mit denen, die das nicht können, die unten bleiben müssen, weil sie behindert sind? Sind sie nur das Unterholz der Gesellschaft? Zählen sie nicht mit? Was ist das für ein Glück, das nach oben auf den Stufengipfel lockt? Kann man Glück genießen in dem Bewußtsein, buchstäblich auf dem Buckel der Opfer der Geschichte zu stehen? Ist das nicht unmenschlich? Soll der Mensch schließlich und endlich sein Gesicht verlieren und im Stufenberg untergehen? Das kann doch nicht wahr sein!

Golgota – die Alternative Gottes

Wir feiern eine andere Hoffnung. Das Bild, das sich uns vor Augen stellt, ist zunächst dem des Stufenberges sehr ähnlich. Wir haben an Ostern den Karfreitag nicht vergessen. Wir haben das Bild Jesu vor Augen, der am Fuße des Berges steht, beladen mit dem Kreuz seines Lebens, mit dem Kreuz der ganzen Welt. Nicht ein sportlicher, dynamischer Typ, sondern jemand, der die Härte des Lebens kennt und dem man den Prozeß gemacht hat. Er schleppt sich Stufe um Stufe den Berg hinauf. Das Stolpern ist ihm nicht erspart geblieben. Er liegt am Boden und rafft sich wieder auf. Auf der Spitze des Berges Golgota angelangt, nimmt man ihm das Kreuz von der Schulter und nagelt ihn daran fest. „Gekreuzigt wurde er für uns ..." Er ist unser Hoffnungsträger.

Der Hoffnungsträger

Ist das das Ende vom Lied? Es sind noch Lieder zu singen jenseits des Todes – nicht Lieder, die den Fortschritt besingen, sondern Lieder, die Gott rühmen. Er hat gehandelt. Der Gekreuzigte ist nicht in den Schoß der Erde versunken. Über sein Grab ist kein Gras gewachsen. Der Stein, mit dem man dieses Grab verschließen wollte, kam ins Rollen. Gott hat Jesus auferweckt. Nicht nur irgend etwas von ihm lebt weiter, nicht nur seine Ideen, seine Ideale, nicht nur das, was er gesagt und getan hat, er selbst lebt in Person. In seinem Namen hoffen wir, daß mit ihm auch uns Leben geschenkt ist über den Tod hinaus. Wir gehen nicht in Stufen auf. Er ruft uns beim Namen und meint uns in Person, auch die, die nicht viel geleistet haben, die am Rande standen, die die letzten Stufen nicht erklimmen konnten. Das ist der Grund, weshalb wir hier und heute Ostern feiern: das Fest unserer Hoffnung.

Genau an dieser Stelle scheiden sich die Geister. Hier muß man Farbe bekennen im Streit der Meinungen und Ideologien. Was steht am Ende, was ist die Summe des Lebens? Eine Stufe des Fortschritts, irgend etwas oder der Mensch in Person, Gottes Ebenbild, neu geschaffen im Namen des auferstandenen Jesus Christus? Vom Ziel her wird die Perspektive des Lebens klar. Wir beklagen heute an allen Ecken und Enden die Anonymität und Gesichtslosigkeit in unserer Gesellschaft. Die haben ihren Grund. Wenn am Ende nichts anderes von uns übrigbleiben soll als eine gesichtslose Stufe, dann muß man sich nicht wundern, daß das seine Auswirkungen hat auf die Gestaltung des Lebens.

Ostern ist die Mitte unseres Glaubens. Darum können wir gar nicht anders, als immer neu Ostern zu feiern. Jeder Sonntag ist ein kleiner Ostertag. Darum liegt der Kirche so viel daran, uns jeden Sonntag zu dieser Osterfeier einzuladen. Sie ist die Feier unserer Hoffnung. Die schulden wir der Welt vor allem anderen. Wir dienen ihr nicht mit einem verwässerten „liberalen" Christentum. Das können wir uns und anderen ersparen. Wir sind gefragt, was uns im Leben und im Tod trägt. Das haben wir so klar und entschieden wie nur eben möglich zu bezeugen.

Wir wünschen uns „Frohe Ostern", wir beglückwünschen uns. Dazu haben wir allen Grund. Ich beglückwünsche Sie und uns alle zu dieser Hoffnung, die uns in Christus geschenkt ist.

Auf Leben und Tod

Auf Leben und Tod! Das ist unsere menschliche Situation – kurz und bündig auf den Nenner gebracht. Es geht nicht nur ganz allgemein um das Leben. Es geht auch um den Tod, um unseren und der anderen Tod. Ostern steht für ein ganz bestimmtes Leben, für ein Leben, das durch den Tod hindurchgegangen ist.

Unsere gängigen Vorstellungen greifen hier zu kurz. Danach werden wir geboren, und über kurz oder lang müssen wir sterben. Die Lebenskurve führt vom Leben zum Tod. Ostern zeigt in die umgekehrte Richtung: vom Tod zum Leben! Ein Leben, nicht ohne den Tod, nicht am Tod vorbei, sondern durch den Tod hindurch. Man kann nicht von Ostern sprechen und den Tod übergehen.

Den Tod wahrnehmen

Es ist nicht selbstverständlich zu leben. Einmal ist es soweit – ‚Wir kommen alle einmal dran ...‘, ‚Gegen den Tod ist kein Kraut gewachsen ...‘ – das weiß jeder. Nur, wie ertrage ich das? Was mache ich, wenn ich mitten im Leben plötzlich mit dem Tod konfrontiert werde? Wenn ich erfahre: Es geht auf Leben und Tod?

„Weil die Menschen gegen den Tod kein Heilmittel finden konnten, sind sie, um glücklich zu werden, darauf verfallen, nicht mehr daran zu denken“ (Pascal). Um darüber wegzukommen, fliehen viele in die Geschäftigkeit: ‚Arbeiten und nicht verzweifeln.‘ Oder, etwas hausbackener: ‚Jeder ist seines Glückes Schmied‘ – und, versteht sich: ‚Jeder ist sich selbst der Nächste. Drum rette sich, wer kann.'

Wenn das Ende im Ungewissen verschwindet, wird man auf Nummer sicher gehen und sich vom Leben nehmen, was immer man kriegen kann. Dann ist jeder vollauf beschäftigt, sich sein Podest zu zimmern, die Stufen höherzukraxeln und im Gedränge um den Platz an der Sonne die Ellbogen einzusetzen. Man versucht, sich seine eigene kleine Unsterblichkeit zu bauen. Oder man sagt sich: ‚Ist doch alles egal. Gut leben, möglichst lange, dann plötzlich tot umfallen, Schluß – aus – weg! Nach uns die Sintflut.' Weitergehende Fragen verbannt man in Stunden des Trübsinns: moralischer Kater! Dagegen gibt es Pillen. Spüren wir, wie der Sinn für das Leben verflacht, wenn der Tod nicht mehr wahrgenommen wird?

Gott für alle Fälle?

Was ist demgegenüber Ostern? Nur eine Theorie über das Ende? Etwas, was sich nachher abspielt? Dann bliebe das Leben davon unberührt. Es könnte auch bei uns eigentlich alles so laufen, wie es halt eben läuft: Der Besitz ist Trumpf – wie bei den anderen. Wir verteidigen ihn mit Zähnen und Klauen – wie die anderen. Wir sichern uns ab (‚Was man hat, das hat man') – wie die anderen. Wir halten uns schadlos auf Kosten anderer – wie die anderen.

Nur eben: über die anderen hinaus haben wir noch Gott in Reserve. Er ist für unsere ewige Seligkeit zuständig. Er garantiert den Besitzstand in alle Ewigkeit, ein bißchen mehr noch, als Ausgleich sozusagen für alles, was uns hier unten fehlt oder was schiefgeht. Darum: Halleluja!

Ist's das? Wenn's nur darum geht, daß wir unsere Schäfchen ins Trockene bringen, in den Hafen der ewigen Seligkeit – das kann's doch wahrhaftig nicht sein! Das hat doch nichts mehr mit Jesus zu tun.

Unverwechselbares Leben

Nein: Es geht auf Leben und Tod. Es geht auch an Ostern um den Tod. Oft stellen wir uns dieses Fest ziemlich harmlos vor. Dann denken wir: Karfreitag ist der Tod dran, und Ostern das Leben, damit ist der Tod erledigt. Und da wir immer schon von Ostern wissen, ist der Karfreitag im Grunde nicht mehr so ganz ernst zu nehmen, eine Art Panne. Ostern ist alles wieder auf rechten Kurs gebracht. So nicht!

Der Tod ist nie einfach erledigt. Die Wunden Jesu, die Zeichen seiner Hingabe, werden für immer die Merkmale sein, an denen er identifiziert wird. Die Jünger erkennen ihn nicht an seinen Reichtümern, an seinem Besitz, sondern an den Wunden. Er ist davon gezeichnet, auch als Auferstandener. Die Wunden sind nicht einfach weg, sie sind tief eingegraben in seine Existenz. Ostern kommt sein ganzes für uns gelebtes und durchlittenes Dasein zum Ziel. Die Jünger erkennen den Herrn nicht an dem, was er hat, sondern an dem, was er gegeben hat. Nicht irgendein Leben kommt zum Ziel, sondern dieses Leben dieses Jesus von Nazaret. Unverwechselbar dadurch, daß er sein Leben nicht für sich, sondern für uns gelebt hat, daß er seinen Tod nicht für sich, sondern für uns gestorben ist. Ostern liegt in der Konsequenz dieses Lebens und Sterbens. Ihm hat Gott in der Auferstehung recht gegeben. So hat er den Weg vom Tod zum Leben eröffnet. Werden wir ihm auf diesem Weg folgen?

Ostern – jetzt!

Ostern ist nicht nur eine Theorie über das Ende. Sicher: Die Osterbotschaft weist in die Zukunft. Aber diese Zukunft hat schon begonnen. Sie kann beginnen, mitten in unserem Leben. Wer tatsächlich auf diesen Jesus setzt und auf seinen Weg vom Tod zum Leben, für den ändert sich etwas, und zwar nicht erst später im Jenseits, sondern schon jetzt. Er wird sich zum Beispiel nicht mehr vom Besitz fesseln lassen. Er wird nicht mehr nach der Devise leben: ‚Jeder ist sich selbst der Nächste. Was man hat, das hat man. Sicher ist sicher ...'

Er wird anfangen zu teilen, von seinem Leben mitzuteilen. Das kann weh tun. Da stirbt wohl auch etwas in uns. Aber nur wer so zu sterben versteht, wird lernen zu leben und zu lieben. Wer solche Freiheit ahnt, den schmerzen die Ketten nicht nur am eigenen Leib, sondern auch die der anderen. Er wird nicht schweigen, wenn er Unrecht sieht und Unmenschlichkeit. Er wird dagegen aufstehen, im Namen dessen, der auferstand vom Tod zum Leben. Wo der Tod seine Herrschaft verliert, da beginnt die Freiheit zu lieben und zu leben.

Ein Marabu, der zeitlebens über das Sterben nachgedacht hatte, sah sich eines Morgens unvermutet dem Tod gegenüber. Erschrocken sprang er vom Kaffeetisch auf und flatterte hinkend davon. Mühelos hielt der Tod mit ihm Schritt. „Um Gottes willen", krächzte der Marabu, „wo gehen wir denn hin?" – „Herrje!" rief der Tod, „und ich dachte, du weißt den Weg."

Wissen wir den Weg? Jesus ist der Weg. Ein Weg vom Tod zum Leben.

Lumen Christi –
Christus, das Licht

Von den Philippinen ist uns diese Geschichte überliefert: Ein König hatte zwei Söhne. Mit den Jahren beschloß er, einen der beiden zu seinem Nachfolger zu bestellen. Aber wen? Er gab jedem fünf Silberstücke und sagte: „Füllt mit diesem Geld die Halle bis zum Abend. Womit, das ist eure Sache."

Der älteste Sohn machte sich sofort auf den Weg. Er kam an einem Feld vorbei, wo gerade Zuckerrohr geerntet und ausgepreßt wurde. Das leere Zuckerrohr lag zuhauf am Feldrand. Er dachte sich: Damit werde ich die Schloßhalle ausfüllen. Schnell wurde er mit den Arbeitern handelseinig, und sie schafften für die fünf Silberstücke das ausgepreßte Zuckerrohr in die Halle. Als sie voll war, ging er freudestrahlend zu seinem Vater: „Ich habe die Aufgabe erfüllt. Mach mich zu deinem Nachfolger." – Der Vater antwortete: „Noch ist es nicht Abend. Ich werde warten."

Als die Dämmerung übers Land einbrach, kam der jüngere Sohn zurück. Er sah, was in der Schloßhalle geschehen war. Er sagte: „Schafft das leere Stroh weg." So geschah es. Dann stellte er eine Kerze mitten in die Halle und zündete sie an. Ihr Licht erfüllte den ganzen Raum bis in den letzten Winkel.

Der Vater sagte: „Du sollst mein Nachfolger sein. Dein Bruder hat fünf Silberstücke ausgegeben, um die Halle mit nutzlosem Zeug zu füllen. Du hast nicht einmal ein Silberstück gebraucht und hast sie mit Licht erfüllt. Du hast sie mit dem erfüllt, was die Menschen brauchen."

„Da geht mir ein Licht auf!"

Womit sind wir ausgefüllt? Mit Terminen, Plänen, Problemen ... Wir sind mit allen möglichen Dingen besetzt, haben den Kopf voll. Bei Licht betrachtet, ist es oft genug leeres Stroh. Das bekommen wir mengenweise frei Haus geliefert, von morgens bis abends, auf zig Kanälen. Oft genug werden wir auf diese Weise hinters Licht geführt; aber es geht uns kein Licht auf. Wir sind ausgefüllt, aber nicht erfüllt. Das ist etwas anderes. Genau darum geht's, daß wir Erfüllung finden.

Sie kennen das: Man sitzt da und kommt nicht weiter. Auf einmal geschieht's: „Da geht mir ein Licht auf!" Das ist eine kostbare Erfahrung, wie eine Erleuchtung. Etwas leuchtet uns ein. Wenn das geschieht, dann erhellt sich unser Gesicht. Wir strahlen, von innen her. Das ist etwas ganz anderes, als wenn wir angestrahlt werden. Das Rampenlicht blendet sehr leicht, man sieht nichts mehr. Das Licht, das von innen kommt, öffnet die Augen.

„Da geht mir ein Licht auf." Das kann man nicht machen. Das ist keine Sache der Technik: Da drückt man auf den Knopf, und das Licht geht an. So nicht! Das haben wir nicht in der Hand. Es leuchtet uns ein, wie von einer anderen Energiequelle her. Das ist wie ein Geschenk des Himmels, Gnade. „Da geht mir ein Licht auf!"

Das Licht der Welt

„Es werde Licht", das ist das erste Wort Gottes am Anfang der Welt (Gen 1,3). Es ist auf Jesus Christus hin gesagt (vgl. Joh 1,9 f). Mit ihm ist der Welt das Licht aufgegangen, er ist das Licht in Person: „Ich bin das Licht der Welt", sagt er (Joh 8,12). Lumen Christi – Christus, das Licht!

Viele Menschen sind heute auf Erleuchtung aus. Religiöse „Lichtangebote" gibt es in Mengen. Zahllose Lichtagenturen machen ihr oft dunkles Geschäft mit dem Licht. Man kann sich wie im Supermarkt selbst bedienen, im Vorübergehen, mal hier, mal dort: fernöstlich, esoterisch, wie's gerade paßt. – Aber Erleuchtung ist nicht als Ware auf dem Markt zu haben, sie schenkt sich. Man kann sie nicht einschalten wie eine Glühlampe.

Lumen Christi: Das ist kein x-beliebiges Licht aus dem Angebot moderner Selbst-Beleuchtungsanlagen. Es leuchtet nicht still vor sich hin, um eine gemütliche Atmosphäre zu erzeugen, ganz privat. Es will die Welt erhellen, erleuchten, erwärmen. Es will in der Welt Orientierung ermöglichen. „Ich bin das Licht der Welt", sagt Jesus.

Ein Lichtblick!

In seinem Licht sieht man die Welt und die Menschen mit anderen Augen. Jeder Mensch ist Mensch – im Lichte Jesu, nicht mal mehr – mal weniger, nicht mal wertvoll – mal unwert, wie man es vor sechzig Jahren hierzulande propagiert und in Gaskammern exekutiert hat. Im Lichte Jesu erkennt man im Gesicht des anderen den Bruder, die Schwester, im Fremden den Freund. Jeder Mensch ist Mensch – im Lichte Jesu, gleichberechtigt und unantastbar in seiner Würde, gerade auch die Schwachen und Armen, alle, die auf der Schattenseite des Lebens sind. Christus ist gekommen, „um allen zu leuchten, die in Finsternis sitzen und im Schatten des Todes" (Lk 1,79). Er bringt Licht in die Dunkelheit des Todes. Er hebt die Nacht nicht auf, aber er scheut sie nicht, er erleuchtet sie. In seinem Licht können wir auch zu unseren Schatten stehen, zu den Schatten unserer Geschichte und unseres eigenen Lebens.

Lumen Christi – das gehört auf den Leuchter, damit es allen in der Welt leuchte. Man kann doch nicht so tun, als gäbe es dieses Licht nicht. Wir dürfen es nicht verstecken. Es kann sich sehen lassen.

Viele sehen heute schwarz, wenn sie „Kirche" hören. Woran liegt das? Schauen wir die Kerze an: Sie will sich nicht selbst erhalten, sie verzehrt sich im Leuchten. Wer sich selber anschaut, leuchtet nicht. Ob wir zu sehr darauf aus sind, uns anstrahlen zu lassen? Das Licht, das von innen kommt, leuchtet anderen ein. Lumen Christi – steckt das in mir? Füllt es mich aus, erfüllt es mich? Ist es so in mir, daß ich mir das Leben gar nicht mehr anders vorstellen könnte?

Das Licht von innen strahlt aus. Andere werden's merken: „Mensch, da geht mir ein Licht auf." Das leuchtet ein. Ein Lichtblick!

Das Fest der Befreiung

„Der Herr sprach zu Mose: Was schreist du zu mir? Sag den Israeliten, sie sollen aufbrechen. Und du heb deinen Stab hoch, streck eine Hand über das Meer, und spalte es, damit die Israeliten auf trockenem Boden in das Meer hineinziehen können. Ich aber will das Herz der Ägypter verhärten, damit sie hinter ihnen hineinziehen. So will ich am Pharao und an seiner ganzen Streitmacht, an seinen Streitwagen und Reitern meine Herrlichkeit erweisen. Die Ägypter sollen erkennen, daß ich der Herr bin, wenn ich am Pharao, an seinen Streitwagen und Reitern meine Herrlichkeit erweise.

Der Engel Gottes, der den Zug der Israeliten anführte, erhob sich und ging an das Ende des Zuges, und die Wolkensäule vor ihnen erhob sich und trat an das Ende. Sie kam zwischen das Lager der Ägypter und das Lager der Israeliten. Die Wolke war da und Finsternis, und Blitze erhellten die Nacht. So kamen sie die ganze Nacht einander nicht näher. Mose streckte seine Hand über das Meer aus, und der Herr trieb die ganze Nacht das Meer durch einen starken Ostwind fort. Er ließ das Meer austrocknen, und das Wasser spaltete sich. Die Israeliten zogen auf trockenem Boden ins Meer hinein, während rechts und links von ihnen das Wasser wie eine Mauer stand. Die Ägypter setzten ihnen nach; alle Pferde des Pharao, seine Streitwagen und Reiter zogen hinter ihnen ins Meer hinein. Um die Zeit der Morgenwache blickte der Herr aus der Feuer- und Wolkensäule auf das Lager der Ägypter und brachte es in Verwirrung. Er hemmte die Räder an ihren Wagen und ließ sie nur schwer vorankommen. Da sagte der Ägypter: Ich muß vor Israel fliehen, denn Jahwe kämpft auf ihrer Seite gegen Ägypten.

Darauf sprach der Herr zu Mose: Streck deine Hand über das

Meer, damit das Wasser zurückflutet und den Ägypter, seine Wagen und Reiter zudeckt. Mose streckte seine Hand über das Meer, und gegen Morgen flutete das Meer an seinen alten Platz zurück, während die Ägypter auf der Flucht ihm entgegenliefen. So trieb der Herr die Ägypter mitten ins Meer. Das Wasser kehrte zurück und bedeckte Wagen und Reiter, die ganze Streitmacht des Pharao, die den Israeliten ins Meer nachgezogen war. Nicht ein einziger von ihnen blieb übrig. Die Israeliten aber waren auf trockenem Boden mitten durch das Meer gezogen, während rechts und links von ihnen das Wasser wie eine Mauer stand. So rettete der Herr an jenem Tag Israel aus der Hand der Ägypter. Israel sah die Ägypter tot am Strand liegen. Als Israel sah, daß der Herr mit mächtiger Hand an den Ägyptern gehandelt hatte, fürchtete das Volk den Herrn. Sie glaubten an den Herrn und an Mose, seinen Knecht.

Damals sang Mose mit den Israeliten dem Herrn dieses Lied; sie sagten:

Ich singe dem Herrn ein Lied,
denn er ist hoch und erhaben.
Rosse und Wagen warf er ins Meer" (Ex 14,15 – 15,1).

„Die Lesung vom Durchzug durch das Rote Meer darf zu Ostern nie ausfallen" – so steht es in den Richtlinien für die Osternacht. Warum ist diese alte Geschichte so wichtig, wenn wir heute Ostern feiern?

Die Erzählung verbindet uns mit Israel, dem Volk Jesu. Die Befreiung aus der Knechtschaft Ägyptens ist eines der Urdaten des alttestamentlichen Gottesvolkes. Bis zum heutigen Tag fragt beim jüdischen Pesach-Mahl der Jüngste im Kreis, warum zu Beginn bittere Kräuter gegessen werden. „Eben weil es unseren Vätern in Ägypten bitter und dreckig ging", lautet die Antwort. Und dann wird die Geschichte vom gefährlichen Aufbruch erzählt, von der wunderbaren Befreiung und vom langen Marsch durch die Wüste ins gelobte Land, mit Mose an der Spitze. Nie sollen die Juden vergessen, woher sie kommen und was sie hinter sich haben. Seit Jahrtausenden lebt Israel aus dieser Befreiungsgeschichte: vom Ägypten der Pharaonen bis zum Deutschland Hitlers und zum Rußland Stalins, vom Durchzug durch das Rote Meer bis zur Erlösung aus den KZs. Es hat seine Befreiung aus Ägypten nie anders verstanden denn als Tat Gottes, als Wunder. Der Jubel darüber ist groß. Die großmächtigen Ägypter sind jämmerlich untergegangen, ihre ganze Rüstung ist ins Wasser gefallen. „Ich singe dem Herrn ein Lied, denn er ist hoch und erhaben, Rosse und Wagen warf er ins Meer ..." (15,1).

Der Befreier

Können wir einfach in dieses alte Befreiungslied einstimmen: „Rosse und Wagen warf er ins Meer ..."? Wenn's nur die Rosse und Wagen wären, das ganze Kriegsmaterial der ägyptischen Hochrüstung – wer würde sich darüber nicht freuen! Aber auch die Reiter, die Soldaten sind umgekommen. Können wir darüber in Triumph ausbrechen?

Israels Befreiung aus der Knechtschaft Ägyptens sammelt sich für uns in der Geschichte des einen Israeliten Jesus von Nazaret, der Gottes Sohn ist. Er hat die alte Befreiungsgeschichte eingelöst. Er hat sie nicht einfach nur fortgeschrieben, er hat sie erlöst. Auf seine Weise! Auch er geriet in das Land der Fremdherrschaft (wie nach Ägypten). Auch er wurde ein Opfer von Gewalt und Unterdrückung. Auch ihm stand das Wasser bis zum Halse. Aber er ist weder den Soldaten der mörderischen Mächte wunderbar entkommen, noch hat Gott vom hohen Thron herab mit Blitz und Donner und mit himmlischen Heerscharen eingegriffen. In seiner Befreiungsgeschichte ertrank niemand in dunklen Wasserfluten; die Wogen schlugen über ihm zusammen. Keiner kam zu Tode, nur er selbst! Keiner starb seinetwegen, er starb für die anderen: „für euch und für alle". Das ist die Wende vom Tod zum Leben.

Jesus ist nicht am Tod vorbeigekommen, sondern durch den Tod hindurch. Gott hat ihn nicht vor dem Scheitern, vor dem Tod bewahrt, sondern durch den Tod hindurch gerettet. Durch ihn sind die Mächte des Todes, ist der Tod selbst bezwungen. Das ist Erlösung: Befreiung von der Herrschaft des Todes in der Auferstehung. Wunder aller Wunder! Das Osterfest lebt von der Freude, daß Jesus als erster auf dem langen Weg der Passion das gelobte Land unvergänglichen Lebens betreten hat. Er hat uns befreit, er hat uns freigemacht aufzubrechen.

Der Weg in die neue Freiheit

Der Weg in die Freiheit ist lang: für die Israeliten damals (durch Wasser und Wüsten), für Jesus (durch die Passion), für uns (die wir nur allzugern sitzen bleiben). Befreiung ist nicht im Handumdrehen zu haben, man muß sie sich etwas kosten lassen. Sie fordert uns – auf Leben und Tod. Das beginnt mit der Taufe, die uns dank Christus im Zeichen des Wassers den Wassern des Todes entreißt. Von dorther kommen wir, von dorther sind wir gewappnet gegen die Todesmächte im Leben und im Sterben. Ägypten ist überall, wo Menschen unter innerer und äußerer Fremdherrschaft leiden, wo sie verelenden oder ausgebeutet werden. Wir sind gerufen, aus solchen Gefangenschaften aufzubrechen und anderen den Aufbruch zu ermöglichen.

Man kann nicht sagen: ‚Unrecht und Unterdrückung – das hat im Grunde nichts mit dem Glauben zu tun.' Das kann man im Ernst nicht sagen, wenn man die alte Befreiungsgeschichte des Auszugs aus Ägypten hört. Man kann nicht sagen: ‚Den Christen geht es im Grunde um ganz anderes, rein Inneres, nicht um Knechtschaft oder Freiheit.' Das kann man nicht sagen, wenn man an Jesus glaubt. Man kann nicht sagen: ‚Die Pharaonen berühren den Glauben gar nicht, laß sie doch gewähren. Es ist gar nicht so wichtig, was sich auf den Philippinen abgespielt hat oder in Südafrika oder im Osten.' Das kann und darf man nicht sagen! Die Befreiungsgeschichten der Bibel verbieten uns das.

Deshalb darf die Erzählung vom Durchzug durchs Rote Meer zu Ostern nie ausfallen, deshalb muß diese Befreiungsgeschichte immer wieder gelesen werden. Sie ist uns allen ins Stammbuch geschrieben, im Namen Jesu Christi und in der Auslegung seines Lebens. Wir, die wir Ostern feiern, das Fest der Befreiung: wo stehen wir in dieser Geschichte? Sind wir in der Ersten Welt schließlich irgendwo auf der Pharaonenseite? Christen aus der Dritten Welt fragen uns, ob wir nicht an ihrer Unterdrückung mitwirken durch die Art, wie wir leben, durch unser stumpfes Herz. Sind wir auf der Pharaonenseite? Oder gehören wir zu denen, die den Aufbruch wagen und den langen Weg antreten – allen Pharaonen um uns und in uns samt ihren Milizen zum Trotz?

Man kann Ostern nicht so oder so feiern. Der Weg in die Freiheit ist vorgegeben, durch Jesus Christus. Er ermutigt uns, die Freiheit zu wagen, die in unserer Gesellschaft weitgehend in Vergessenheit gerät oder verdrängt oder verraten wird:
– Die Freiheit, die Fesseln des ‚Jeder ist sich selbst der Nächste' zu durchbrechen und anderen zum Nächsten zu werden bis in die fernsten Länder;
– die Freiheit, nicht das Recht des Stärkeren auszunutzen, sondern den Schwächeren zum Recht verhelfen;
– die Freiheit, sich einzuschränken, um anderen zu dienen;

– die Freiheit, sein Leben einzusetzen für die Befreiung anderer.

Unsere Freiheit wächst, indem wir zur Befreiung anderer beitragen. Sind wir so frei?

Der Stein kam ins Rollen ...

„Als der Sabbat vorüber war, kauften Maria aus Magdala, Maria, die Mutter des Jakobus, und Salome wohlriechende Öle, um damit zum Grab zu gehen und Jesus zu salben. Am ersten Tag der Woche kamen sie in aller Frühe zum Grab, als eben die Sonne aufging. Sie sagten zueinander: Wer könnte uns den Stein vom Eingang des Grabes wegwälzen? Doch als sie hinblickten, sahen sie, daß der Stein schon weggewälzt war; er war sehr groß. Sie gingen in das Grab hinein und sahen auf der rechten Seite einen jungen Mann sitzen, der mit einem weißen Gewand bekleidet war; da erschraken sie sehr. Er aber sagte zu ihnen: Erschreckt nicht! Ihr sucht Jesus von Nazaret, den Gekreuzigten. Er ist auferstanden; er ist nicht hier. Seht, da ist die Stelle, wo man ihn hingelegt hatte. Nun aber geht und sagt seinen Jüngern, vor allem Petrus: Er geht euch voraus nach Galiläa; dort werdet ihr ihn sehen, wie er es euch gesagt hat. Da verließen sie das Grab und flohen; denn Schrecken und Entsetzen hatte sie gepackt. Und sie sagten niemand etwas davon; denn sie fürchteten sich" (Mk 16,1–8).

Die Todesfalle

Franz Kafka erzählt diese kleine Fabel: „Ach", sagte die Maus, „die Welt wird enger mit jedem Tag. Zuerst war sie so breit, daß ich Angst hatte; ich lief weiter und war glücklich, daß ich endlich rechts und links in der Ferne Mauern sah, aber diese langen Mauern eilen so schnell aufeinander zu, daß ich schon im letzten Zimmer bin, und dort im Winkel steht die Falle, in die ich laufe." – „Du mußt nur die Laufrichtung ändern", sagte die Katze und fraß sie.

Ein Bild unseres Lebens? Erst liegt es vor uns wie unbegrenzt, voller Möglichkeiten. Aber dann werden mit den Jahren die Mauern sichtbar; sie treiben uns schließlich in die Enge. Von den ersten Minuten unseres Lebens an beginnen die entscheidenden Zellen des Körpers zu altern. Keine Macht der Welt kann diesen Prozeß umkehren. Wir können nichts und niemanden auf ewig festhalten, auch uns selber nicht. Am Ende der Mauern steht die Todesfalle. Und hinter uns schleicht die Katze und packt uns, wenn wir dieser Falle entkommen wollen.

Das ist unsere Situation, die Situation, von der das Evangelium ausgeht. Es erzählt nicht von einem Osterspaziergang in der erwachenden Natur. Die drei Frauen sind auf dem Weg zum Grab, wie unsereins zum Friedhof geht. Sie bringen Salben und Balsam mit, wie wir einen Kranz oder ein paar Blumen mitnehmen. Ein Gang zum Friedhof ist alles andere als ein Osterspaziergang.

Für die Frauen ist nicht Ostern, sondern Karfreitag. Sie tragen ihre letzten Hoffnungen zu Grabe. Der Herr ist tot; die Geschichte mit ihm ist zu Ende. Was bleibt ihnen da noch in ihrer Ratlosigkeit? Dankbare Erinnerung und der hilflose Versuch, mit Salben und duftenden Kräutern den Geruch der Verwesung zu bannen und die äußere Gestalt des Leichnams zu erhalten. Das ist alles. Gegen den Tod ist kein Kraut gewachsen. „Wer könnte uns den Stein vom Eingang des Grabes wegwälzen?" (3), fragen die Frauen auf dem Weg zum Grab. „Er war sehr groß" (4), wird ausdrücklich bemerkt, unüberwindlich wie die hohen Mauern, in denen sich die Maus totläuft. „Wer könnte uns den Stein vom Eingang des Grabes wegwälzen?" (3). Hart wie der Stein ist die Grenze, die das Leben vom Tod trennt, und wir stehen heute bei all unserem technischen Fortschritt ebenso ohnmächtig und hilflos davor wie die Frauen am Morgen jenes ersten Wochentages. Der Tod ist unwiderruflich, das Leben endet im Grab.

„Er ist auferstanden!"

Am Nullpunkt menschlicher Existenz, dort, wo wir mit unseren Fähigkeiten buchstäblich am Ende sind, da beginnt Gott. Der Stein kam ins Rollen. Die Mauern stürzten ein. Die Todesfalle wurde aufgebrochen – durch Jesus Christus. „Ihr sucht Jesus von Nazaret, den Gekreuzigten. Er ist auferstanden; er ist nicht hier" (6). Sein Platz im Grab ist leer. Am Ort des Todes ergeht die Kunde vom neuen Leben.

Das kommt nicht von ungefähr. Jesus ergriff von Anfang an Partei für das Leben. Wo Menschen dem Tode nahe oder verfallen waren und all ihre Hoffnung begraben hatten, da schuf er Leben. Er spürte die Mächte des Todes auf, mitten im Leben – und geriet deshalb in Konflikt mit ihnen.

Davon spricht das ganze Evangelium, das besingt die Ostersequenz: „Mors et vita duello conflixere mirando ..." Man kann das in seiner Schärfe und Prägnanz kaum übersetzen. Ein Duell auf Leben und Tod! Jesus ist im Kampf mit diesem letzten Feind aufs Letzte gegangen. Wir dürfen diesen ‚letzten Streit' nicht verharmlosen! Es ist nicht Sache der Christen, sich mit Ostern das Leben bequemer zu machen, sich im Jenseits ein Alibi zu verschaffen für alle Ewigkeit. Wer das haben möchte, hat von Ostern nichts begriffen. Kein friedlicher Übergang, auch kein: ‚Irgendwie wird es schon weitergehen ...' Kein: ‚Auf Regen folgt Sonne ...' Der Tod ist eine Großmacht, die nicht nur die letzten Minuten des Lebens beherrschen will. Man darf ihn nicht unterschätzen. Er fordert seine Opfer. Jesus hat sich ihm nicht entzogen. Der Tod ist ihm nicht erspart geblieben – sein furchtbarer Tod! „Dux vitae mortuus." Unbegreiflich: Der Anführer des Lebens – tot!

Wir ahnen wohl, was das heißt, wenn Menschen, die

anderen Leben schenken, ermordet werden. So hier. Der von sich gesagt hat: „Ich bin das Leben" – tot! Das muß doch das Ende sein, das absolute Ende. Wenn Gott nicht wäre! In Jesu Sterben hat Gott sich mit dem Tod angelegt. Er hat ihn in die Krise gebracht, er hat den Tod getötet. Der Stein kam ins Rollen. „Dux vitae mortuus – regnat vivus." Der Anführer des Lebens: tot – und er lebt! „Er ist auferstanden." Das ist der Grund unserer Hoffnung. Das eröffnet eine neue Perspektive.

Die Situation der Parabel von Kafka ändert sich: Da treibt nicht mehr ein Mensch oder die ganze Welt der Falle zu und wird von der Katze verschlungen, der Tod ist in die Ecke getrieben. Er sitzt in der Todesfalle. „Der Tod ist verschlungen vom Sieg."

„Er geht euch voraus ..."

Jesus ist der Anführer eines neuen Lebens. Wie ist das zu verstehen? Auferweckung ist keine Verlängerung des Lebens, kein „Weiterleben". Es werden nicht nur die Pferde gewechselt, und dann geht's weiter im alten Trott. Auferweckung ist auch nicht das ewige „Stirb und Werde". Dieser Kreislauf ist durchbrochen. Gott setzt mit der Auferstehung Jesu einen neuen Anfang. Der Lauf der alten Schöpfung ist überholt, eine neue Schöpfung beginnt, im Zeichen des Lebens.

Jesus ist der Anführer des neuen Lebens. Er kennt den Tod – weiß Gott! Er hat ihn nicht überspielt, sondern überwunden. Er ist nicht am Tod vorbeigegangen, sondern durch ihn hindurch und aus ihm heraus. Das hat Spuren hinterlassen. Die kann man ihm ansehen. Der Auferstandene trägt die Wunden. Daran erkennen ihn die Jünger. Durch den Tod hindurch hat er das neue Leben erschlossen, das „ewige Leben".

Diesem Anführer des Lebens dürfen wir folgen. Wir müssen nicht mehr Komplizen des Todes sein, wir dürfen Komplizen (Verbündete) des Auferstandenen sein. Sind wir es? Das hätte Konsequenzen. Dann werden wir uns nicht mit den Mächten des Todes einlassen oder abfinden. Dann werden wir entlarven, was Menschen ums Leben bringt. Dann werden wir uns allem widersetzen, was Leben und Schöpfung kaputtmacht.

Ostern zu feiern ist anspruchsvoll. Jesus ist nicht gestorben und auferstanden, damit wir vorübergehend in Hochstimmung geraten, uns ein paar schöne Festtage machen und uns vorübergehend auf den Wogen der Matthäuspassion und der Osterkantaten dahintragen lassen. Er will in uns leben. Er möchte, daß wir von diesem Leben Zeugnis geben: „Nun aber geht und sagt ..." (7). Jesus vermag mehr, als das Leben zu dekorieren und den Tod mit Kränzen und schönen Reden zu verbrämen. Er kann uns dem Tod entreißen. Mit ihm ist unser Weg keine Sackgasse mehr, in der wir uns festrennen, nicht mehr nur ein Unterwegs zum Friedhof, sondern in der Kraft Gottes ein Unterwegs vom Tod zum Leben.

Das geht über das Menschenmögliche hinaus. Das spottet jeder Erfahrung. Von den Frauen wird gesagt: „Da verließen sie das Grab und flohen; denn Schrecken und Entsetzen hatte sie gepackt" (8). Das ist alles andere als eine vorübergehende Festtagsstimmung. Das Halleluja kommt ihnen nicht so selbstverständlich über die Lippen wie uns, die wir daran gewöhnt sind, Ostern zu feiern, wenn es der Kalender vorsieht. Wo Gott so unmittelbar am Werk ist, da verschlägt es den Menschen die Sprache. Sie sind entsetzt. Ostern ist gezeichnet vom Erschrecken darüber, daß mit der Auferweckung die Skala menschlicher Erwartungen gänzlich auf den Kopf gestellt ist. Ostern bringt die Wende: statt vom Leben zum Tod vom Tod zum Leben.

„Was sucht ihr den Lebenden bei den Toten?"

*„Am ersten Tag der Woche gingen die Frauen mit den wohlrie-
chenden Salben, die sie zubereitet hatten, in aller Frühe zum
Grab. Da sahen sie, daß der Stein vom Grab weggewälzt war; sie
gingen hinein, aber den Leichnam Jesu, des Herrn, fanden sie
nicht. Während sie ratlos dastanden, traten zwei Männer in
leuchtenden Gewändern zu ihnen. Die Frauen erschraken und
blickten zu Boden. Die Männer aber sagten zu ihnen: Was sucht
ihr den Lebenden bei den Toten? Er ist nicht hier, sondern er ist
auferstanden. Erinnert euch an das, was er euch gesagt hat, als er
noch in Galiläa war: Der Menschensohn muß den Sündern ausgeliefert und gekreuzigt werden und am dritten Tag auferstehen.
Da erinnerten sie sich an seine Worte.*

*Und sie kehrten vom Grab in die Stadt zurück und berichte-
ten alles den Elf und den anderen Jüngern. Es waren Maria Mag-
dalene, Johanna und Maria, die Mutter des Jakobus; auch die
übrigen Frauen, die bei ihnen waren, erzählten es den Aposteln.
Doch die Apostel hielten das alles für Geschwätz und glaubten
ihnen nicht. Petrus aber stand auf und lief zum Grab. Er beugte
sich vor, sah aber nur die Leinenbinden (dort liegen). Dann ging
er nach Hause, voll Verwunderung über das, was geschehen war"*
(Lk 24,1–12).

„Das ist der Tag, den Gott gemacht ..." – Es gibt Tage,
die haben wir gemacht: den ersten Mai, den Muttertag
oder den Vatertag. Und, Sie kennen das ja, so dann und
wann machen wir uns einen guten Tag ... „Das ist der
Tag, den Gott gemacht ..." Wer sich darauf festgelegt
hat, daß nichts anderes geschehen kann, als der Mensch

aus sich vermag, der geht Ostern leer aus. Wirklich Ostern feiern kann nur der, der mit Gott und seiner Tat rechnet.

Selbstverständlich?

So leicht ist es nicht, Ostern zu feiern. Der Unterschied zur Situation, die uns das Evangelium schildert, ist offenkundig: Wir sind hier nicht zu einem Grab gekommen, sondern zum Gottesdienst. „Das Grab ist leer ..." – das ist für uns keine Überraschung, wir haben das einschlägige Lied im Ohr und singen es aus voller Kehle. Und wir wissen längst, was die Engel verkündigen: „Er ist auferstanden." Das kennen wir, wie das Halleluja, das heute fällig ist. Das alles ist einfach dran, wie selbstverständlich. Als wäre Ostern selbstverständlich. Alles andere als das. Es versteht sich gerade nicht von selbst, auch nicht von uns her, sondern allein von Gott her.

Von selbst und von uns her versteht sich nur der Tod. Damit müssen wir rechnen. Er liegt in unserer Erfahrung, wir können ihn uns zufügen, und er ereilt uns. Aber die Auferstehung spottet jeder Erfahrung. Es geht nicht um Reanimierung und nicht um Reinkarnation! Jesus ist in den Todesgraben hinuntergestiegen, aber er ist nicht zur alten Seite zurückgekehrt; er ist zur anderen Seite hochgestiegen, wo es keinen Tod mehr gibt. Der Tod ist nicht aufgeschoben, sondern aufgehoben, er ist nicht überspielt, sondern überwunden. Das ist nicht zu fassen, das geht über unseren Horizont. Und darum kommen die Fragen, die Einsprüche: ‚Wie soll ich mir das vorstellen? Ich sehe nichts davon, daß die Macht des Todes gebrochen ist. Die Gräber, vor denen ich stehe, sind nicht leer. Das grausame Spiel von Gewalt und Leid und Tod geht weiter – auch nach Ostern.' Das sind die handfesten Realitäten. Die sind

nicht aus der Welt zu schaffen. Oder doch? Sicher nicht
von uns.

Suche am falschen Platz?

Die Frauen im Evangelium scheuen keine Mühe, sie tun
das Menschenmögliche. In aller Frühe machen sie sich
auf, mit ihren wohlriechenden Salben. Sie tun, was sie
können. Aber was können sie tun? Mit Balsam den Geruch der Verwesung bannen und die äußere Gestalt des
Toten konservieren, als sei er noch da. Nichts gegen solch
pietätvollen Dienst. Aber er bleibt, was er ist: Mumien-
dienst.

Die Frauen werden deswegen nicht gescholten. Aber sie
werden vom Engel über ihr eigenes Suchen hinausgewie-
sen: „Was sucht ihr den Lebenden bei den Toten?" Mit
anderen Worten: ‚Ihr sucht Jesus am falschen Platz. Ihr
dürft und sollt mehr suchen als einen Toten.'

Wen denn? Wo hat man nicht Jesus im Laufe der Geschichte überall gesucht? Was hat man nicht alles aus ihm
machen wollen? Einen edlen Humanisten, einen Vor-
kämpfer des sozialen Fortschritts oder einen politischen
Revolutionär. Hilfloses Bemühen, etwas aus ihm zu machen, ihn mit allen möglichen Mitteln am Leben zu halten. Erfolglose Reanimationsversuche! Ein Suchen am
falschen Platz. Osterglaube ist das nicht, sondern Toten-
verehrung. Wir Menschen können Jesus nicht lebendig
machen oder lebendig halten. Hätte Gott ihn nicht dem
Tode entrissen, er wäre arm dran – und wir wären es
auch. Dann würden wir uns umsonst an ihn halten, er
böte keinen Halt.

Jesus lebt nicht von seiner Jünger Gnaden, auch nicht
von unserer und der Kirche Gnaden, er lebt aus der Kraft
Gottes, „der die Toten lebendig macht und das, was nicht

ist, ins Dasein ruft" (Röm 4,17). Das ist der Grund unserer Hoffnung. Gottes Tat steht vor allem Auf und Ab unseres Glaubens, trotz unserer Fragen und Einwände.

Und die Realitäten des Todes, die uns bedrängen? Sie kennen die Situation: Sie sind nachts mit dem Auto unterwegs, in fremder Gegend, und auf einmal wissen Sie nicht mehr, wo Sie sind. Da taucht plötzlich ein Zeichen im Scheinwerferlicht auf. Sie sehen es, und schon sind Sie weiter. Aber der Augenblick, in dem Sie es entziffern konnten, genügt. Sie wissen, wo Sie sind und woran Sie sind. Sie wissen, wohin die dunkle Straße führt. Ostern ist ein solches Zeichen und mehr. Wir wissen, wer uns am Ende unserer dunklen Straßen erwartet.

Mumiendienst?

An Ostern geht es zuerst und zuletzt nicht um das, was wir (Menschen) aus Jesus machen, sondern um das, was Gott gemacht hat. „Das ist der Tag, den Gott gemacht ..." Darum ist es auch nicht damit getan, daß wir Fragen an ihn haben. Er hat Fragen an uns. Die stehen da, mitten im Evangelium: „Was sucht ihr den Lebenden bei den Toten?"

Wo sind wir mit unserem Glauben? Ist er nur noch Balsam, mit dem wir aus Gründen der Pietät guten Geruch verbreiten möchten? Dient er gerade noch dazu, von Weihnachten über Ostern und Pfingsten, von Taufe über Erstkommunion und Hochzeit bis hin zur Beerdigung das Leben etwas feierlicher zu gestalten? Versuchen wir, eine tote Gestalt zu konservieren, als ob noch Leben da wäre, als ob nicht bereits die Würmer an den Restbeständen nagten? Wahren wir Jesus nur noch ein frommes Andenken? „Was sucht ihr den Lebenden bei den Toten?"

So ist nicht nur jeder einzelne von uns gefragt, so sind wir als Kirche gefragt. Sucht sie Jesus am richtigen Platz,

bei den Lebenden? Wieviel in der Kirche ist Mumien-
dienst, pietätvolle Pflege einer vergangenen Gestalt alter
Formen, die längst gestorben sind? Wo sind wir auf dem
Weg zum Grabe, statt daß wir Zeugnis vom Lebendigen
geben? „Was sucht ihr den Lebenden bei den Toten?"
Diese Frage Gottes an uns darf in der Kirche nicht zum
Schweigen kommen.

Heute wird viel von der Apparatemedizin gesprochen,
kritisch zumeist: Die Apparate dienen nicht mehr dem Leben, sie überfremden es und ziehen es schließlich künst-
lich in die Länge; jemand ist klinisch tot, aber die Apparate laufen noch. Gibt es nicht auch eine Apparatepasto-
ral? Was wird nicht alles an Mitteln eingesetzt, um das
kirchliche Leben, wie wir es gewohnt sind, in Gang zu
halten. Sind wir unfähig, bestimmte Formen und Gestalten, die ihre Zeit gehabt haben, in Gottes Namen sterben
zu lassen? Ich weiß aus eigener Erfahrung, das ist leichter
gesagt als getan. Aber: Ist künstliche Lebensverlängerung
eine Alternative?

Meinen wir, wir müßten Jesus zum Leben erwecken
oder lebendig halten? Wer sind wir denn! Wir müssen weder Jesus retten noch auch die Kirche, sie sind gerettet.
Das ist nicht unser Werk, das ist Gottes Vorgabe. Er hat
gehandelt: Jesus Christus lebt. Uns ist aufgetragen, den Lebendigen am richtigen Platz zu suchen, nicht bei den Toten. Er, der Herr des Lebens, ist uns allemal voraus. In dieser Gewißheit dürfen wir Ostern feiern: „Das ist der Tag,
den Gott gemacht." Das kann entlasten. Da fällt einem
ein Stein vom Herzen – weil der Stein vor dem Grab ins
Rollen kam. Gott hat uns einen guten Tag gemacht. Wir
dürfen aufatmen.

Wer ist Herr im Haus der Kirche? Es scheint, daß es
darüber Unklarheiten gibt: der Papst und die Bischöfe?
Oder die Theologen? Oder die Basis? „Eine andere Basis
kann niemand legen als die, die gelegt ist: Jesus Christus"

(1 Kor 3,11). Er ist der Herr. Die Kirche lebt nicht von der sogenannten Basis und von den Theologen, nicht vom Papst und von den Bischöfen, sondern von Jesus Christus, dem Herrn des Lebens. Es ist höchste Zeit, daß wir uns durch Gottes Wort zur Mitte unseres Glaubens zurückrufen lassen. „Was sucht ihr den Lebenden bei den Toten?" Merkt man uns das an, wo das Leben zu suchen und zu finden ist? Sind wir Zeugen des lebendigen Herrn? Dann sind wir am richtigen Platz – in unserer Kirche und in der Gesellschaft.

Maria Magdalena –
Apostola apostolorum

„Maria aber stand draußen vor dem Grab und weinte. Während sie weinte, beugte sie sich in die Grabkammer hinein. Da sah sie zwei Engel in weißen Gewändern sitzen, den einen dort, wo der Kopf, den anderen dort, wo die Füße des Leichnams Jesu gelegen hatten. Die Engel sagten zu ihr: Frau, warum weinst du? Sie antwortete ihnen: Man hat meinen Herrn weggenommen, und ich weiß nicht, wohin man ihn gelegt hat. Als sie das gesagt hatte, wandte sie sich um und sah Jesus dastehen, wußte aber nicht, daß es Jesus war. Jesus sagte zu ihr: Frau, warum weinst du? Wen suchst du? Sie meinte, es sei der Gärtner, und sagte zu ihm: Herr, wenn du ihn weggebracht hast, sag mir, wohin du ihn gelegt hast. Dann will ich ihn holen. Jesus sagte zu ihr: Maria! Da wandte sie sich ihm zu und sagte auf hebräisch zu ihm: Rabbuni!, das heißt: Meister. Jesus sagte zu ihr: Halte mich nicht fest; denn ich bin noch nicht zum Vater hinaufgegangen. Geh aber zu meinen Brüdern, und sag ihnen: Ich gehe hinauf zu meinem Vater und zu eurem Vater, zu meinem Gott und zu eurem Gott. Maria von Magdala ging zu den Jüngern und verkündete ihnen: Ich habe den Herrn gesehen. Und sie richtete aus, was er ihr gesagt hatte" (Joh 20,11–18).

Grundwasser der Seele

Maria Magdalena steht vor dem Grab und weint. ‚Frauen weinen, ein Mann weint nicht …‘ Das sagen wir so, Sie kennen das. Maria Magdalena weint – die Jünger weinen nicht. Sie sind gar nicht da: „Da verließen ihn alle und flohen" (Mk 14,50). Sie haben sich aus Angst in Sicherheit gebracht.

71

Wie immer man die Erzählungen der Evangelien wendet: Letztendlich sind die Männer weg, und Frauen sind da.

Maria Magdalena weint – viermal steht's da. Tränen sind das Grundwasser der Seele. Sie kommen aus der Tiefe, übrigens auch bei großer Freude – die Freudentränen. Ob die, die das Weinen verlernt haben, sich noch richtig freuen können? Vielleicht sind sie vertrocknet.

„Frau, warum weinst du?" fragen die Engel (Joh 20,13). Die Tränen haben ihren Grund. Maria hat Jesus verloren, und nun ist auch noch der Leichnam verschwunden. Jesus war ihr „Ein und Alles". Damit ist's aus. Soll man da nicht weinen? Viele von Ihnen können nachempfinden, was das heißt, wenn man seine Hoffnung begraben hat. Das geht an die Substanz. Das ist zum Heulen, weiß Gott.

Es geht ja hier im Evangelium nicht um irgendwen oder irgend etwas, sondern um Jesus. Er ist der Grund der Tränen. Haben Sie schon einmal geweint, weil Sie Jesus verloren haben? Würde Sie das so tief treffen? Wie tief geht der Glaube? Bis zum Grundwasser Ihrer Existenz? Jesus verlieren – mancher hier wird denken: Ich kann mir das für mich nicht vorstellen. Und dann muß er es auf einmal bei seinen Kindern erleben. Das kann einem das Herz zerreißen. Das ist zum Weinen.

Nicht bei den Toten

Maria Magdalena sucht Jesus. Sie sucht den Leichnam im Grab: „Man hat meinen Herrn weggenommen, und ich weiß nicht, wohin man ihn gelegt hat" (13). Sie sucht Jesus in der Vergangenheit, bei den Toten. Aber dort ist er nicht zu finden. Sie hätte aufmerken können: das leere Grab, die Engel … Wir haben gut reden hinterher. Wenn jemand ganz am Ende ist, todtraurig mit Tränen in den Augen, dann blickt er schließlich nicht mehr durch.

Maria ist so nach rückwärts gewandt, daß sie nicht sieht, wie Jesus lebendig vor ihr steht. Bei allem Einsatz und allem guten Willen erkennt sie ihn nicht. Niemand findet Jesus, wenn er sich nicht von ihm finden läßt.

Beim Namen gerufen

„Maria", sagt Jesus (16), dieses eine Wort, das von Herzen kommt und zu Herzen geht. Das ist alles. Keine Belehrung, keine feierliche Erklärung in Sachen Auferstehung, schon gar nicht ein Appell, sondern ganz einfach: „Maria", du, dich rufe ich beim Namen, du bist mein. Da gehen ihr die Augen auf. Sie ist gefunden von dem, den sie sucht. So ereignet sich Ostern. „Meister", sagt sie (16). Das hebräische Original ist sogar ins griechische Evangelium aufgenommen: „Rabbuni"; man kann das kaum übersetzen an dieser Stelle. – So entsteht der Osterglaube, in der Begegnung mit dem Auferstandenen, in Wort und Antwort der Liebe, namentlich.

Bertolt Brecht meint in seinem ‚großen Dankchoral' sarkastisch:

„Lobet von Herzen
das schlechte Gedächtnis des Himmels
und daß er nicht
kennt euren Nam' noch Gesicht
niemand weiß, daß ihr noch da seid."

Nein, Er weiß, daß wir noch da sind, weinend oft genug, im Tal der Tränen. Er kennt unser Gesicht. Er ruft uns beim Namen von jenseits der Todesgrenze. Er wird alle Tränen von unseren Augen abwischen. Das läßt hoffen – eine Hoffnung, die sich durch nichts beirren läßt, auch nicht durch den Tod.

Nicht zu fassen

Zweimal wird gesagt, daß Maria sich umdreht (14.16). Sie vollzieht die entscheidende Wende vom Tod zum Leben. Sie sucht – rückwärts gewandt – den Leichnam, und sie findet – vor sich stehend – den Auferstandenen. Da dreht sich alles um. Da gerät der Mensch außer sich. Er kommt heraus aus der blinden Suche nach dem Verlorenen, heraus aus der Fixierung auf das Grab, heraus aus der lähmenden Herrschaft des Todes.

Das ist nicht zu fassen ... Ostern, der Auferstandene – nicht zu fassen: „Halte mich nicht fest", sagt Jesus (17). Er ist nicht zu fassen. Ganz der alte? Eben nicht! Es geht nicht einfach so weiter wie vorher. Neues hat sich ereignet. Kaum zu glauben, nicht zu begreifen. Man kann sich „nur" ergreifen lassen – wie in der Liebe. Da gerät man außer Fassung.

Wir möchten Jesus haben, wie Maria. Wir möchten etwas in den Händen haben, zum Vorzeigen für andere und zur eigenen Vergewisserung. Aber man kann ihn nicht für sich festhalten, er ist nicht zu „haben", so daß man seiner habhaft werden könnte, zur Demonstration.

Es ist wie bei Menschen, die sich lieben. Da sagt der eine zum anderen: Ich möchte ganz dein eigen sein. – Das wird von Grund auf verkehrt, wenn dieser den anderen einfach haben will; wenn er das freie Versprechen, ihm zu gehören, in ein Verfügungsrecht verkehrt. Liebe ist nicht zu haben. Der Glaube ist nicht zu haben.

Verkünderin des Unsagbaren

Nicht zu fassen ... Wie soll man das anderen vermitteln? Maria wird auf den Weg geschickt: „Geh aber zu meinen

Brüdern, und sag ihnen ..." (17). Und sie tut's. Sie macht sich auf den Weg und verkündigt den Männern: „Ich habe den Herrn gesehen" (18). Die erste Osterzeugin: Apostola apostolorum, sagen die Kirchenväter. Sie gehört nicht zu den zwölf Aposteln und ist doch die erste, die die Osterbotschaft verkündigt.

Letztlich ist Ostern unsagbar. Man kann versuchen, ringsum in den Spuren zu lesen. So wird es uns auch selber gehen, wenn wir Ostern in unserer eigenen Lebensgeschichte auf die Spur kommen möchten.

Unsere Wege werden unsere Wege bleiben, unsere Schwächen unsere Schwächen. Unsere Tage werden nicht zu Träumen werden, sondern zu bestehen sein, alltäglich. Und niemand von uns muß sagen oder demonstrieren, was kein Mensch in der Welt vorzeigen kann, auch nicht die Apostel, auch nicht Maria Magdalena. Aber vielleicht können wir anderen eine Ahnung davon geben, was nicht zu fassen ist. Vielleicht kann mitten in den alltäglichen Dingen und über sie hinaus die Gewißheit wachsen: Du bist bei deinem Namen gerufen, von jenseits der Todesgrenze her, und du kannst antworten. Das dürfen wir weitersagen, im Namen Jesu Christi. Das kann bittere Tränen wandeln in Freudentränen. Hoffnung über alle Hoffnung, für jeden von uns und für die ganze Welt.

Tastender Glaube

„Thomas, genannt Didymus (Zwilling), einer der Zwölf, war nicht bei ihnen, als Jesus kam. Die anderen Jünger sagten zu ihm: Wir haben den Herrn gesehen. Er entgegnete ihnen: Wenn ich nicht die Male der Nägel an seinen Händen sehe und wenn ich meinen Finger nicht in die Male der Nägel und meine Hand nicht in seine Seite lege, glaube ich nicht. Acht Tage darauf waren seine Jünger wieder versammelt, und Thomas war dabei. Die Türen waren verschlossen. Da kam Jesus, trat in ihre Mitte und sagte: Friede sei mit euch! Dann sagte er zu Thomas: Streck deinen Finger aus – hier sind meine Hände! Streck deine Hand aus und leg sie in meine Seite, und sei nicht ungläubig, sondern gläubig! Thomas antwortete ihm: Mein Herr und mein Gott! Jesus sagte zu ihm: Weil du mich gesehen hast, glaubst du. Selig sind, die nicht sehen und doch glauben.

Noch viele andere Zeichen, die in diesem Buch nicht aufgeschrieben sind, hat Jesus vor den Augen seiner Jünger getan. Diese aber sind aufgeschrieben, damit ihr glaubt, daß Jesus der Messias ist, der Sohn Gottes, und damit ihr durch den Glauben das Leben habt in seinem Namen" (Joh 20,24-31).

In den sechzig Jahren meines Lebens habe ich als Priester oft auf dem Friedhof gestanden, ganz dicht dran am Rand des Grabes. In dieser Situation lautet das erste Wort: „Ich bin die Auferstehung und das Leben ... Jeder, der lebt und an mich glaubt, wird in Ewigkeit nicht sterben" (Joh 11,25.26) oder, wie es früher hieß, „wird den Tod nicht schauen in Ewigkeit". Das am offenen Grab zu sprechen – da kann man ins Stocken geraten, wenn man nicht ein kirchlicher Routinier geworden ist. Den Tod schauen wir doch direkt vor uns. Aber die Auferstehung? Die kennen wir nur vom Hörensagen. Was ist da wirklich dran?

Ungläubig?

Die Frage treibt die Christen selbst um, solange es sie gibt. Der Prototyp dafür ist Thomas. „Der ungläubige Thomas", sagen wir sprichwörtlich. Und wir denken: ein Skeptiker, wie er im Buche steht. Aber so steht er gar nicht im Buch des Evangeliums. Er hat Fragen, bohrende Fragen. Aber er frißt sie nicht in sich hinein, sondern er bleibt im Gespräch mit den anderen Jüngern. Und die setzen ihn nicht vor die Tür, weil er unbequem ist. Sie respektieren sein ehrliches Suchen.

Thomas hat's nicht leicht mit dem Osterglauben, und er macht sich's nicht leicht. Alle Achtung! Er möchte der Sache auf den Grund gehen. Er will's wissen. Er will nicht nur hören, was die anderen sagen, er will sehen und berühren, um es erfassen und begreifen zu können. Er will zusammenhalten, was nach christlichem Glauben zusammengehört: Vertrauen und Erfahrung, Glauben und Wissen, empirische Wirklichkeit und Transzendenz: „Wenn ich nicht die Male der Nägel an seinen Händen sehe und wenn ich meinen Finger nicht in die Male der Nägel und meine Hand nicht in seine Seite lege, glaube ich nicht" (25). – Was soll da verwerflich sein an dem Wunsch, mit seinen Händen wie ein Blinder sich an die Wahrheit heranzutasten, die über alles Begreifen hinausgeht? Wir können dem Thomas nur dankbar dafür sein, daß er all seine Sinne beisammenhält auf dem Weg des Glaubens. Das dient der Klärung, der Rechenschaft des Glaubens gegenüber Fragen von innen und von außen.

Caro cardo salutis

Auferstehung: Was ist da wirklich dran? Ein Wunsch-traum, eine Projektion? Ein Urbild, das in unserer Seele schlummert? Bei alledem blieben wir schließlich und end-lich doch mit uns, mit unserer Einbildungskraft allein. Ist das alles? Oder kommt mir ein anderer entgegen? Der ganz andere? Wie denn?

Thomas erfährt in seiner Osterbegegnung, daß er es neu mit Jesus zu tun hat. Der ist nicht einfach wieder da wie vor dem Tod, es geht nicht so weiter wie vorher. Aber er erscheint auch nicht wie ein ätherischer Lichtstrahl. Die Erzählung setzt sich klar ab von jeder Art von Esote-rik, die den Leib abspaltet und ihn durch ein strahlendes Lichtkleid ersetzen möchte.

Der Christus, dem Thomas begegnet, hat seine irdische Geschichte nicht abgestreift und wie ein Kleid in den Schrank gehängt. Was er erlebt und erlitten hat, sitzt ihm nicht nur in den Kleidern. Es ist nicht spurlos an ihm vorübergegangen, es hat deutliche Spuren hinterlassen. Es hat ihn unauslöschlich gezeichnet, es kennzeichnet ihn. „Caro cardo salutis – Das Fleisch ist der Angelpunkt des Heils" (Tertullian). Die Auferstehung haftet im Fleisch. Sie bricht genau dort ein, wo der Tod sitzt. Wo denn sonst?!

Die Wunden

Nicht von ungefähr sind es die Wunden Jesu, auf die Tho-mas seinen Finger legt. Sie gehen tief. Würden sie über-sprungen, der Glaube wäre flach und oberflächlich. Es sind ja gerade die Wunden, die uns das Leben schwerma-chen: die wahnsinnigen Kriege, das erlittene Unrecht, Krankheit, Scheitern, das offene Grab. Da kann man an

Gott irre werden, an Gott und der Welt verzweifeln: Warum, Gott? Warum das alles?

Aber wenn ich den Auferstandenen mit den Wunden sehe? Am christlichen Glauben überzeugt mich nichts so sehr wie diese Wahrheit: Unser Gott geht an den offenen Wunden nicht vorbei, er trägt sie selbst. Und er hat die Kraft, sie zu wandeln. Daran ist er zu erkennen. Am Ende schaut Thomas nicht nur die Wunden; an ihnen, ja in ihnen geht's ihm auf: „Mein Herr und mein Gott!" (28).

„Mein Herr und mein Gott"

Tasten, berühren, greifen – hat Thomas den Auferstandenen damit im Griff? Wer meint, er hätte den Osterglauben im Griff, ist ungläubig; wie jemand, der denkt, er habe die Liebe im Griff, sich längst von ihr entfernt hat. Den Auferstandenen können wir nicht wie ein Ding in den Griff bekommen. Da tut sich eine neue Dimension auf, das ist nicht mehr zu fassen. Thomas tastet sich vor, will greifen und fassen, aber dann wird er ergriffen vom Unfaßbaren und Unbegreiflichen: „Mein Herr und mein Gott" – Du, mein ein und alles.

Und wir? „Selig sind, die nicht sehen und doch glauben" (29). Wir haben die, die gesehen haben, einen Mann wie Thomas, dem es bei allen Fragen geschenkt war, Christus zu schauen. Wir dürfen ihm vertrauen. Und vielleicht gehen uns darüber die Augen auf für die Zeichen der Auferstehung unter uns. So können wir auf dem Weg des Glaubens zur inneren Gewißheit gelangen: „Mein Herr und mein Gott!"

Fischergeschichten

„Danach offenbarte sich Jesus den Jüngern noch einmal. Es war am See von Tiberias, und er offenbarte sich in folgender Weise. Simon Petrus, Thomas, genannt Didymus (Zwilling), Natanael aus Kana in Galiläa, die Söhne des Zebedäus und zwei andere von seinen Jüngern waren zusammen. Simon Petrus sagte zu ihnen: Ich gehe fischen. Sie sagten zu ihm: Wir kommen auch mit. Sie gingen hinaus und stiegen in das Boot. Aber in dieser Nacht fingen sie nichts. Als es schon Morgen wurde, stand Jesus am Ufer. Doch die Jünger wußten nicht, daß es Jesus war. Jesus sagte zu ihnen: Meine Kinder, habt ihr nicht etwas zu essen? Sie antworteten ihm: Nein. Er aber sagte zu ihnen: Werft das Netz auf der rechten Seite des Bootes aus, und ihr werdet etwas fangen. Sie warfen das Netz aus und konnten es nicht wieder einholen, so voller Fische war es. Da sagte der Jünger, den Jesus liebte, zu Petrus: Es ist der Herr! Als Simon Petrus hörte, daß es der Herr sei, gürtete er sich das Obergewand um, weil er nackt war, und sprang in den See. Dann kamen die anderen Jünger mit dem Boot – sie waren nämlich nicht weit vom Land entfernt, nur etwa zweihundert Ellen – und zogen das Netz mit den Fischen hinter sich her. Als sie an Land gingen, sahen sie am Boden ein Kohlenfeuer und darauf Fisch und Brot. Jesus sagte zu ihnen: Bringt von den Fischen, die ihr gerade gefangen habt. Da ging Simon Petrus und zog das Netz an Land. Es war mit hundertdreiundfünfzig großen Fischen gefüllt, und obwohl es so viele waren, zerriß das Netz nicht. Jesus sagte zu ihnen: Kommt her und eßt! Keiner von den Jüngern wagte ihn zu fragen: Wer bist du? Denn sie wußten, daß es der Herr war. Jesus trat heran, nahm das Brot und gab es ihnen, ebenso den Fisch. Dies war schon das dritte Mal, daß Jesus sich

den Jüngern offenbarte, seit er von den Toten auferstanden war" *(Joh 21,1–14).*

Es gibt eine Geschichte, die mit ihrem Autor berühmt geworden ist: Ernest Hemingway, „Der alte Mann und das Meer". Der alte Fischer war zeit seines Lebens vom Pech verfolgt. Was in unserer Gesellschaft zählt, blieb ihm versagt: Erfolg. Schließlich setzt er alles auf eine Karte. Er fährt mit seinem kleinen Boot allein auf die hohe See hinaus, viel weiter als je zuvor. Und er macht den Fang seines Lebens, nach einem Kampf auf Leben und Tod. Alles steht auf dem Spiel: Selbstachtung, Erfolg, Überleben. Der Fischer bleibt Sieger – zunächst jedenfalls. Er nimmt den Riesenfisch ins Schlepptau und will ihn heimwärts rudern. Da umkreisen Haie sein Boot und fressen die Beute, Stück für Stück. Nach Tagen kommt er heim – ein geschlagener Mann. Nichts ist ihm geblieben, nur das Gerippe.

Leere Netze

Vielleicht fragen Sie: Die biblische Erzählung vom reichen Fischfang als Ostergeschichte und dann die Geschichte vom alten Mann und dem Meer – wie paßt das zusammen? Die Erzählung vom Fischfang ist ein nachdenkliches Kapitel am Ende des Johannesevangeliums. Der Alltag hat die Jünger wieder – die alte Umgebung, der alte Beruf, das alte Lied. Noch grauer als vorher. Von Jesus keine Rede. „Ich gehe fischen" (3), sagt Petrus. Was denn sonst? Die anderen kommen mit. Die ganze dunkle Nacht arbeiten sie durch. An Einsatz mangelt es nicht. Umsonst! Die Bilanz: leere Netze. „Sie fingen nichts" (3). Zweimal steht's da, damit es niemand übersieht. Nichts – noch weniger als das Gerippe. Das gab's schon damals, als es begann.

Das kennen wir doch zu Genüge in unserer derzeitigen kirchlichen Situation. Man rackert sich ab ohne Erfolg. Wie lang solche Phasen dauern, wissen wir nie im voraus. Oft braucht es viel Zeit, bis wir überhaupt merken, wie leer unsere Netze sind. – Viele von uns haben bewegende Aufbrüche in der Kirche miterlebt: Konzil, Synode, Ausfahrten auf die hohe See. Und nun? Manchmal denke ich, und manchem von Ihnen wird's ähnlich ergehen: Lohnt sich's noch? Dieser Kraftaufwand, diese Strapazen! Steht der Einsatz noch im Verhältnis zu dem, was dabei herauskommt? Bleibt am Ende schließlich nur das Gerippe – die Strukturen. Die sind stabil, die halten noch lange. Aber sie sind weder Fisch noch Fleisch.

Die Gnade des Nullpunktes

Hemingway und das Evangelium – zwei Fischergeschichten. Und doch, ein Unterschied wie Tag und Nacht. Tief in der Nacht kommt der alte Mann geschlagen zurück von der Fahrt auf dem Meer. Die Lichter sind aus. „Es war niemand da, um ihm zu helfen …" – Die Jünger kommen mit ihren leeren Netzen im Morgengrauen zurück. Es steht jemand am Ufer und wartet auf sie. Sie sind auch in der Stunde des Mißerfolgs erwartet. Zwar erkennen sie den Fremden nicht. Aber es dämmert ihnen, in der Morgendämmerung. Noch ist nicht aller Tage Abend. Ein neuer Tag bricht an. Die Zukunft ist mehr als eine Verlängerung der düsteren Gegenwart, mehr als der eigene Mißerfolg, mehr auch als der Erfolg. Da gilt etwas anderes: „Er aber sagte zu ihnen: Werft das Netz auf der rechten Seite des Bootes aus, und ihr werdet etwas fangen" (6).

Es gibt eine Gnade des Nullpunktes. Es gibt die Gnade, gegen den Augenschein und das Übliche erneut aufzubrechen, sogar über alle Fischergewohnheit hinaus am hellichten Tag auszufahren und die Erfahrung zu machen, daß das Wort eines anderen trägt, das Wort des ganz Anderen. Wo ursprunghaftes Vertrauen und ungebrochenes Verstehen, wo Zuwendung und Zuversicht zusammenkommen, da kann ein Wort Wunder wirken. Wir ahnen gar nicht, was Gott aus den Bruchstücken unseres Lebens macht, wenn wir sie ihm ganz überlassen.

„Kommt her und eßt!"

Eigenartig, als die Jünger mit den leeren Netzen zurückkommen, erkennen sie Jesus nicht. Er ist bei ihnen, aber sie wissen nicht, daß es Jesus ist (vgl. 4). Kaum daß die Netze sich füllen, sieht der Jünger, den Jesus liebte, schon vom See aus: „Es ist der Herr!" (7). – Ob wir erst in Augenblicken der Erfüllung richtig erkennen, wie nah er uns ist? Jedenfalls ist Petrus nicht mehr zu halten. Er stürzt sich Hals über Kopf in den See, Jesus entgegen. Und auch den anderen im Boot gehen die Augen auf, sie kommen nach mit dem Boot und den vollen Netzen.

Am Ufer brennt das Feuer. Das Mahl ist bereitet, ehe die Fischer mit ihrem Fang eintreffen. Sie werden also nicht mit ihrem eigenen Erfolg abgespeist. Es wäre ja auch ganz trostlos, wenn alles vom Gelingen unseres Tuns abhinge und wir nur vom Erfolg unserer Arbeit lebten. Haben die Jünger all die vielen Fische umsonst mitgebracht? Nein! „Jesus sagte zu ihnen: Bringt von den Fischen, die ihr gerade gefangen habt" (10). – Aber, ist es nicht so: Die Augenblicke in unserem Leben, in denen wir etwas vom Himmel auf Erden spüren, sind nicht unser Werk. Da stoßen wir auf etwas, das nicht von uns selber stammt. Wir sind beschenkt und sagen: Gott sei Dank. Das genau ist die Eucharistie: ein Geschenk des Himmels, nicht das Ergebnis unserer Leistung. Wir machen sie nicht, wir empfangen sie. „Kostet und seht, wie gut der Herr ist" (Ps 34,9).

Die Erzählung vom Fischfang ist eine Ostergeschichte, die den Karfreitag in sich hat. Das ist nicht die resignative Bilanz eines geschlagenen Mannes, nicht das frustrierte und frustrierende Dauerlamento über die leeren Netze, sondern eine Ostergewißheit aus durchlittener Karfreitagserfahrung. Da fährt nicht ein alter Mann als Einzelkämpfer hinaus auf die hohe See, sieben sind's. Gemeinsam wagen sie die Ausfahrt, auf sein Wort hin: „Werft das Netz aus."

Unterwegs – wohin?

„Am gleichen Tag waren zwei von den Jüngern auf dem Weg in ein Dorf namens Emmaus, das sechzig Stadien von Jerusalem entfernt ist. Sie sprachen miteinander über all das, was sich ereignet hatte. Während sie redeten und ihre Gedanken austauschten, kam Jesus hinzu und ging mit ihnen. Doch sie waren wie mit Blindheit geschlagen, so daß sie ihn nicht erkannten. Er fragte sie: Was sind das für Dinge, über die ihr auf eurem Weg miteinander redet? Da blieben sie traurig stehen, und der eine von ihnen – er hieß Kleopas – antwortete ihm: Bist du so fremd in Jerusalem, daß du als einziger nicht weißt, was in diesen Tagen dort geschehen ist? Er fragte sie: Was denn? Sie antworteten ihm: Das mit Jesus aus Nazaret. Er war ein Prophet, mächtig in Wort und Tat vor Gott und dem ganzen Volk. Doch unsere Hohenpriester und Führer haben ihn zum Tod verurteilen und ans Kreuz schlagen lassen. Wir aber hatten gehofft, daß er der sei, der Israel erlösen werde. Und dazu ist heute schon der dritte Tag, seitdem das alles geschehen ist. Aber nicht nur das: Auch einige Frauen aus unserem Kreis haben uns in große Aufregung versetzt. Sie waren in der Frühe beim Grab, fanden aber seinen Leichnam nicht. Als sie zurückkamen, erzählten sie, es seien ihnen Engel erschienen und hätten gesagt, er lebe. Einige von uns gingen dann zum Grab und fanden alles so, wie die Frauen gesagt hatten; ihn selbst aber sahen sie nicht.

Da sagte er zu ihnen: Begreift ihr denn nicht? Wie schwer fällt es euch, alles zu glauben, was die Propheten gesagt haben. Mußte nicht der Messias all das erleiden, um so in seine Herrlichkeit zu gelangen? Und er legte ihnen dar, ausgehend von Mose und allen Propheten, was in der gesamten Schrift über ihn geschrieben steht.

So erreichten sie das Dorf, zu dem sie unterwegs waren. Jesus tat, als wolle er weitergehen, aber sie drängten ihn und sagten: Bleib doch bei uns; denn es wird bald Abend, der Tag hat sich schon geneigt. Da ging er mit hinein, um bei ihnen zu bleiben. Und als er mit ihnen bei Tisch war, nahm er das Brot, sprach den Lobpreis, brach das Brot und gab es ihnen. Da gingen ihnen die Augen auf, und sie erkannten ihn; dann sahen sie ihn nicht mehr. Und sie sagten zueinander: Brannte uns nicht das Herz in der Brust, als er unterwegs mit uns redete und uns den Sinn der Schrift erschloß?

Noch in derselben Stunde brachen sie auf und kehrten nach Jerusalem zurück, und sie fanden die Elf und die anderen Jünger versammelt. Diese sagten: Der Herr ist wirklich auferstanden und ist dem Simon erschienen. Da erzählten auch sie, was sie unterwegs erlebt und wie sie ihn erkannt hatten, als er das Brot brach" (Lk 24,13–35).

Ostern ist ein mobiles Fest geworden – ein automobiles, versteht sich. Immer mehr Menschen sind in diesen Tagen unterwegs, suchen das Weite. Keine Staumeldung kann sie davon abhalten. Manchem mag es so gehen, wie der amerikanische Schriftsteller John Updike beschreibt: „Der größte Teil des amerikanischen Lebens besteht darin, daß man irgendwohin fährt und wieder zurück und sich fragt, warum zum Teufel man eigentlich gefahren ist." – Warum fahren wir? Wohin geht die Reise, nicht nur heute und morgen, sondern überhaupt? Da, bei dieser Frage, holt uns das Evangelium ein.

Gekreuzigte Hoffnung

Zwei Jünger sind unterwegs. Geschlagene Leute! Sie lassen den Kopf hängen und sehen die Sonne nicht mehr. Von Ostern keine Spur. Für sie ist am Ostertag noch nicht

Ostern geworden. Sie gehen weg von dort, wo das Kreuz stand, weg von dort, wo ihre Zukunftspläne platzten, wo sie ihre Hoffnung begraben haben. Mit anderen Worten: Sie verlassen die Gemeinde, sie treten aus.

Die Geschichte mit Jesus ist für sie passé. Sie wissen zwar noch zu erzählen, was er alles gesagt und getan hat: „Er war ein Prophet, mächtig in Wort und Tat vor Gott und dem ganzen Volk" (19). Sie wissen alles, was man von Jesus wissen kann; aber sie können nur traurig davon erzählen. Sie haben mit all ihrem Wissen Jesus nicht. Was sie von den anderen Jüngern sagen, das trifft auch für sie zu: „Ihn selbst aber sahen sie nicht" (24). „Die Botschaft hör ich wohl, allein mir fehlt der Glaube", sagt Goethes Faust auf seinem Osterspaziergang.

Was den beiden Jüngern das Herz so schwer macht? Sie sagen es frei heraus: Sie haben auf Jesus gesetzt, von ihm das Heil erwartet (21). Und nun ist er schmählich gescheitert am Kreuz. Das ist der Punkt, über den sie nicht wegkommen, der tote Punkt. Wer so elend endet, kann doch nicht auf Seiten Gottes stehen. Ohnmacht in der Gotteserfahrung, im kirchlichen Alltag, im persönlichen Leben. Oft genug sind wir dann mit Gott und der Kirche oder auch mit uns selbst überkreuz und machen uns schließlich aus dem Staub: weg, weit weg. Ja nichts mehr davon sehen, ja nichts mehr davon hören. Immerhin gehen die Jünger zu zweit und sprechen über ihre Enttäuschungen. Das unterscheidet sie von vielen, die heute lautlos abwandern.

Der Dritte im Bunde

Während die zwei niedergeschlagen und enttäuscht ihren Weg gehen, „kam Jesus hinzu und ging mit ihnen" (15). Keine umwerfende Erscheinung, kein spektakulärer Auftritt, sie erkennen ihn zunächst gar nicht. Sie sind wie mit Blindheit geschlagen – wie unsereins oft genug. Sie müssen ihn neu kennenlernen. Der unbekannte Dritte fragt, hört zu, bringt zum Nachdenken. – Er verweist auf die Heilige Schrift, erschließt ihnen von dorther neue Perspektiven in ihrer Ratlosigkeit, öffnet ihnen die Augen.

Muß das nicht so sein? Wer so wie Jesus gegen das Leiden kämpft, der bekommt es am eigenen Leib mit dem Leiden zu tun. Der Arzt wird selbst verwundet. So will Gott die Wunden der Menschheit heilen, indem er sie selbst durchleidet. Der Gott, an den wir glauben, geht nicht an den Wunden der Welt vorbei, er trägt sie selbst und hat gerade dadurch die Kraft, sie zu heilen.

Das ist nicht im Handumdrehen nachzuvollziehen. Wandern gewährt Zeit. Jesus geht den langen Weg der beiden Jünger mit, durch das Tal ihrer Hoffnungslosigkeit. In den entscheidenden Fragen des Glaubens und Lebens gibt es keine Abkürzungen. Da muß man sich Zeit lassen und Geduld haben mit sich und den anderen – die Eltern mit den Kindern. Es ist tröstlich zu wissen, daß man Jesus nicht erst am Ende des Weges trifft, sondern schon unterwegs.

Beim Brotbrechen

Der Weg ist lang, bis es dämmert. Der Abend bricht an, noch nicht der Morgen. „Bleib doch bei uns ..." (29), drängen die beiden Jünger; man kann's nur allzugut verstehen. Der Abend ist mehr als eine Tageszeit. Die Dunkelheit bricht ein. Wer die Nacht des Lebens kennt, wer erfahren hat, daß es finster aussieht, wer weiß, daß die Zeit zu Ende geht, der ahnt, was hier gemeint ist. Dann eingeladen zu sein ins Haus, an den Tisch – das ist wie ein Geschenk des Himmels. „Da ging er mit ihnen hinein, um bei ihnen zu bleiben" (29).

Und er, der Fremde, „nahm das Brot, sprach den Lobpreis, brach das Brot und gab es ihnen" (30). Da fällt es ihnen wie Schuppen von den Augen, und sie erkennen ihn. Jesus schenkt sich ihnen in der Mahlgemeinschaft. Zweimal wird's gesagt, daß jeder es merkt: Das Brotbrechen, das Teilen des Lebens ist das Geschehen, in dem Jesus erkannt wird. Da gehen die Augen auf und das Herz. Da wandelt sich im Namen Jesu nicht nur das Brot. Da wandeln sich die müden, bleiernen Herzen zum brennenden Herzen: „Brannte uns nicht das Herz in der Brust ..." (32).

Haus, Tischgemeinschaft – „Bleib doch bei uns". Da könnte man sich häuslich niederlassen. Aber Emmaus ist nur eine Station auf dem Wege. Wenn man angesteckt ist und wenn das Herz brennt, dann gibt es nichts Wichtigeres, als aufzubrechen. „Noch in derselben Stunde brachen sie auf ..." (33). Sie eilen zu den anderen. Und was sie dort hören, können sie selbst bezeugen: „Der Herr ist wirklich auferstanden" (34), er lebt! Licht in der Nacht! Ungeahnte Horizonte tun sich den Wanderern auf für ihren Lebensweg.

Man kann sich heute leicht aus dem Staub machen, aber dann fragt man sich schließlich, warum zum Teufel man überhaupt aufbricht und unterwegs ist. Jeder mag darauf achten, daß ihm das Wort nicht ausgeht, das seinem Leben Richtung gibt, daß ihm das Brot unterwegs nicht ausgeht, das gebrochene Brot, von dem wir leben. Das ist das Erkennungszeichen für Jesus. Das schenkt uns die Gewißheit: Jesus lebt.

Taufe und Tiefe

*„Wißt ihr denn nicht, daß wir alle, die wir auf Christus Jesus ge-
tauft wurden, auf seinen Tod getauft worden sind? Wir wurden
mit ihm begraben durch die Taufe auf den Tod; und wie Christus durch die Herrlichkeit des Vaters von den Toten auferweckt
wurde, so sollen auch wir als neue Menschen leben. Wenn wir
nämlich ihm gleich geworden sind in seinem Tod, dann werden
wir mit ihm auch in seiner Auferstehung vereinigt sein. Wir wissen doch: Unser alter Mensch wurde mitgekreuzigt, damit der
von der Sünde beherrschte Leib vernichtet werde und wir nicht
Sklaven der Sünde bleiben. Denn wer gestorben ist, der ist frei
geworden von der Sünde. Sind wir nun mit Christus gestorben,
so glauben wir, daß wir auch mit ihm leben werden. Wir wissen,
daß Christus, von den Toten auferweckt, nicht mehr stirbt; der
Tod hat keine Macht mehr über ihn. Denn durch sein Sterben
ist er ein für allemal gestorben für die Sünde, sein Leben aber
lebt er für Gott. So sollt auch ihr euch als Menschen begreifen,
die für die Sünde tot sind, aber für Gott leben in Christus Jesus"*
(Röm 6,3–11).

Wie kann man das Leben verlängern? Danach fragen,
daran arbeiten heute viele. Eine andere Frage ist nicht weniger wichtig: Wie kann man das Leben vertiefen?

Aber wollen wir das überhaupt? Vertiefen – das zeigt
nach unten. Unsere Vorstellungen gehen in der Regel
in die entgegengesetzte Richtung. Wir möchten „hoch
hinaus", „obenauf" sein, immer auf der Höhe, Spitzenrei-
ter und Spitzenverdiener. Oben – das heißt Erfolg,
Macht, oder auch einfach „High-life". Viele träumen
davon.

90

Ist das das Leben? Wir wissen: Es ist kein reines Honig-schlecken, oft ein mühsames Sich-Abrackern mit den all-täglichen Verhältnissen in uns und um uns, grau in grau. Jeder sieht zu, einigermaßen über die Runden zu kom-men. Und allemal steht am Ende der Tod. That's life.

„Sklaven der Sünde"

Jesus ist nicht darüber weggegangen wie ein junger Gott. „High-life" – das war ihm fremd, er kannte es auch nicht in der „frommen" Version. Er hat sich weder das Leben noch das Sterben leichtgemacht. Er ist nicht alt geworden, und doch hat er nicht versucht, sein Leben zu verlängern. Er ist in die Tiefe gegangen.

Er ließ das Unterste nicht unerledigt. Er war denen nahe, die am Boden sind, einfach „down". Er hat sich um den Bodensatz gekümmert: Er hat den Jüngern die Füße gewaschen, nicht den Kopf. Er hat denen Luft zum Atmen gegeben, die ganz tief drinsitzen im Gefängnis ihrer angst-geplagten Selbstverschließung.

Paulus denkt an Leute, die so mit sich selbst beschäftigt sind, daß sie nur noch sich und ihre frommen Werke ken-nen. Darin suchen sie das Heil. ‚Das ist doch kein Leben', sagt Paulus (6), ‚das ist eine einzige Schinderei („Sklaven der Sünde"). Ihr rackert euch ab nach allen Regeln der (frommen) Kunst und kommt dabei auf keinen grünen Zweig. Ihr tut euch und anderen Gewalt an. Immer mehr „bringen" müssen, immer mehr „kriegen" wollen. Das ist vom Teufel, mit einem Wort: Sünde (im Singular!). Das ist von gestern („alter Mensch"). Das hat keine Zukunft, das führt zum Tod.'

Die Auseinandersetzung mit diesem mörderischen Sy-stem hat Jesus ans Kreuz gebracht und ins Grab. So tief ist er heruntergekommen. So tief hat er angesetzt, um Sünde und Tod auszuhebeln. – Jesus hat das Leben geliebt. Aber er hat sich nicht verzweifelt daran geklammert, er konnte es lassen, hingeben für alle. Und er hat gerade so das Leben eröffnet, das dem Tod gewachsen ist. „Der Tod hat keine Macht mehr über ihn" (9).

Getauft auf Christi Tod und Auferstehung

Was hat das alles mit uns zu tun? „Wißt ihr das denn nicht …?" (3), fragt Paulus. ‚Wißt ihr denn nicht, daß ihr getauft seid?' – Das wissen wir schon. Aber was heißt das?

Bleiben wir beim Wort: Taufen kommt von „tief", tief eintauchen (ins Wasser), in die Tiefe gehen. Das ist der Weg Jesu. Die Taufe verbindet uns mit ihm. Sein Weg ist mit allen Konsequenzen in unsere Lebensgeschichte eingezeichnet, mit Tod, Grab und Auferstehung. „Wißt ihr denn nicht, daß wir alle, die wir auf Christus Jesus getauft wurden, auf seinen Tod getauft worden sind? Wir wurden mit ihm begraben durch die Taufe auf den Tod; und wie Christus durch die Herrlichkeit des Vaters von den Toten auferweckt wurde, so sollen auch wir als neue Menschen leben" (3 f).

Das geht an die Substanz. Taufe heißt, in die Tiefe gehen. Wo das Wasser flach ist, ist es warm. Wo es tief ist, ist es kalt. Wer sich freischwimmen will, muß den Sprung ins tiefe Wasser wagen. – Unsere Gesellschaft ist eher darauf angelegt, an der Oberfläche zu bleiben, das Leben zu verflachen. Unterhaltung ist Trumpf, High-life, auf allen Kanälen. „Wir amüsieren uns zu Tode", sagt der Zeitkritiker N. Postman.

Taufe heißt mit Jesus in die Tiefe gehen. Doch nicht, um sich darin zu verlieren und sich vom Sog in den Abgrund reißen zu lassen. Nein, wir sind „aus der Taufe gehoben". Da geht die Bewegung nach oben. Das ist, wie wenn man wieder auftaucht, den Kopf über Wasser bekommt. Eine Auferstehung! Da sind wir wie neu geboren, ein anderer Mensch.

Die österliche Wiedergeburt, die wir an uns geschehen lassen und mit anderen durchmachen, ist nicht ohne Härten; die Schöpfung des „neuen Menschen" (4) ist mit der Kreuzigung des alten verbunden: „Unser alter Mensch wurde mitgekreuzigt" (6). Nicht dadurch wird der Mensch neu, daß er sich an den Grenzen und Tiefen des eigenen Lebens vorbeimogelt; mitten im Alltag soll das neue Leben herauskommen. Alle Mühen wiegen leicht gegenüber dem neuen Leben, das kein Tod mehr einzwängt und keine Angst mehr zersetzen kann.

Wiedergeburt

Christ werden wir nie durch Geburt, immer nur durch Wiedergeburt. Das ist eine Lebensaufgabe. Verbinden wir das, was uns bewegt und umtreibt, unsere Lebenshoffnungen und Sehnsüchte, mit der Taufe? Ist sie der Schlüssel für unsere Tiefenerfahrungen? Ostern bringt Tod und Leben zusammen, Taufe und Tiefe.

Die Tränen sind das Grundwasser der Seele, sagt Augustinus. Grundwasser ist lebenswichtig. Werden das Wasser aus der eigenen Tiefe und das Wasser der Taufe zueinanderkommen? Vieles in der Welt und in unserem Leben ist zum Heulen. Das betrifft unseren Glauben! Und weiter: Die gleiche Träne, die unseren Schmerz anzeigt, stellt sich auch ein, wenn wir uns riesig freuen. Das betrifft unsere Taufe! – Die Träne als Zeichen des Schmerzes und der Freude läßt uns Tiefe und Höhe zusammenhalten, Karfreitag und Ostern.

Viele Menschen möchten noch einmal neu beginnen, anders, bewußter, wahrer, ohne den ganzen Ballast ihrer

Lebensgeschichte. Manche reisen dafür in Gedanken oder auch tatsächlich bis nach Indien. Warum? Finden sie bei uns keine Antwort? Sind wir zu flach? Unsere Kirche, wir alle können nur dann neu aus der Taufe gehoben werden, wenn wir in die Tiefe gehen.

Der Liebe Gottes glauben

„Was ergibt sich nun, wenn wir das alles bedenken? Ist Gott für uns, wer ist dann gegen uns? Er hat seinen eigenen Sohn nicht verschont, sondern ihn für uns alle hingegeben – wie sollte er uns mit ihm nicht alles schenken? Wer kann die Auserwählten Gottes anklagen? Gott ist es, der gerecht macht. Wer kann sie verurteilen? Christus Jesus, der gestorben ist, mehr noch: der auferweckt worden ist, sitzt zur Rechten Gottes und tritt für uns ein. Was kann uns scheiden von der Liebe Christi? Bedrängnis oder Not oder Verfolgung, Hunger oder Kälte, Gefahr oder Schwert? In der Schrift steht: Um deinetwillen sind wir den ganzen Tag dem Tod ausgesetzt; wir werden behandelt wie Schafe, die man zum Schlachten bestimmt hat. Doch all das überwinden wir durch den, der uns geliebt hat. Denn ich bin gewiß: Weder Tod noch Leben, weder Engel noch Mächte, weder Gegenwärtiges noch Zukünftiges, weder Gewalten der Höhe oder Tiefe noch irgendeine andere Kreatur können uns scheiden von der Liebe Gottes, die in Christus Jesus ist, unserem Herrn" (Röm 8,31–39).

Amor, ergo sum

Kein Mensch kommt auf die Welt ohne die unstillbare Sehnsucht, in der Liebe eines anderen zu hören und zu erfahren, daß er erwünscht ist und bejaht. Ahnen wir, was das heißt, daß „Gott für uns ist" (31) und wir seiner Liebe gewiß sein dürfen? Dann kann uns letztlich keiner mehr etwas. Das gibt Raum zum Leben. Seit den Tagen Adams und Evas ist es für keinen Menschen mehr selbstverständlich, erwünscht zu sein. Wer weiß denn schon aus sich, daß sein oft armseliges Leben trotz allem ein Geschenk ist an die Welt? Das wissen wir nicht aus uns selbst. Das kommt uns von Gott her zu. „Gott hat seinen eigenen Sohn ... für uns alle hingegeben – wie sollte er uns mit ihm nicht alles schenken?" (32). Alles hat er gegeben, nicht nur etwas – sich selbst. Gott steht zu uns. Wer der Liebe Gottes glaubt, der ist ein Christ.

Das prägt unser Bild vom Menschen. Descartes hat zu Beginn der Neuzeit definiert: Cogito, ergo sum – Ich denke, also bin ich. Bei allem Respekt vor der Vernunft – die christliche Aussage, auf den Punkt gebracht, lautet: Amor, ergo sum – Ich bin von Gott geliebt, also bin ich (vgl. Franz von Baader). Das ist der letzte Grund unserer Christen- und Menschenwürde. Das Christsein beginnt nicht mit einem kategorischen Imperativ, sondern mit einem kategorischen Indikativ: Du bist von Gott geliebt.

Das ist das Geheimnis von Ostern. „Lieben heißt: Ich sage dir, du wirst nicht sterben" (Gabriele Marcel). Das sagt Gott uns heute: Ich sage dir, du wirst nicht sterben. „Weder Tod noch Leben ... können uns scheiden von der Liebe Gottes, die in Christus Jesus ist, unserem Herrn" (39). Sie ist der Dreh- und Angelpunkt unseres Daseins. Von dort her bekommt alles andere seinen Ort und Stellenwert.

Vieles spricht dagegen

Von Gott geliebt – kann man das so einfach sagen? Es versteht sich nicht von selbst. Vieles spricht dagegen. Viele sprechen heute dagegen. Die Fragen, die Paulus hier stellt, lassen sich aus unserer Situation heraus schnell beantworten, aber ganz anders: „Wer ist gegen uns?" (31). – Ganze Heere von Sprechern und Schreibern! „Wer kann die Aus-

erwählten Gottes anklagen?" (33). – Jeder meint heute, er
könne es. „Wer kann sie verurteilen?" (34). – Das geschieht am laufenden Band. Wer von uns erlebt das denn
nicht? Und die Anklagen gegen Christentum und Kirche
sind ja nicht alle aus der Luft gegriffen.

Nicht nur der Glaubende hat Rechenschaft zu geben.
Warum muß eigentlich der Ungläubige, warum muß der,
der gleichgültig in den Tag hinein lebt, sich nicht rechtfer-
tigen? Man muß auch das „ohne Gott" verantworten, mit
allen Konsequenzen für die Entwicklung unserer Gesellschaft und der Welt. So einfach ist das nicht! Mit einem
„Ich glaub' nix, mir fehlt nix" ist es nicht getan. Das bleibt
weit unter dem Niveau unserer menschlichen Verantwortung.

Doch vielleicht sind es nicht einmal so sehr die Kritiker vom Dienst, aus welcher Branche auch immer, die
uns zu schaffen machen. Vielleicht sind es viel mehr die
alltäglichen Erfahrungen, die uns an Gottes Liebe zweifeln lassen: Not und Bedrängnis, Angst, Leiden und Tod
(vgl. 35); die Nachrichten von immer neuen Unmensch-
lichkeiten sinnloser Lebenszerstörung, die uns an der
Menschheit verzweifeln lassen. Und nicht nur an ihr!
Das schreit doch zum Himmel. Das schreit gegen den
Himmel. Nichts kann „uns scheiden von der Liebe
Gottes" (39)? Vieles!

Einer spricht dafür

Vieles spricht dagegen. Eins spricht dafür. Einer spricht
dafür: „Christus Jesus, der gestorben ist, mehr noch: Der
auferweckt worden ist, sitzt zur Rechten Gottes und tritt
für uns ein" (34). Leiden und Tod werden nicht bagatelli-
siert, sondern relativiert. Sie werden zur Geschichte Jesu
in Beziehung gesetzt. Er selbst hat Blut geschwitzt. Er läßt

97

uns nicht hängen, auch nicht am Kreuz. Er läßt uns in der letzten Instanz nicht allein.

„Du, ich mag dich leiden", sagen wir gelegentlich. Eigenartig, daß wir „leiden" sagen, wenn wir „lieben" meinen. Beides gehört enger zusammen, als wir denken. Gott ist nicht trotz des Elends der Welt da, er hat sich darin eingemischt. Wer von Gottes Liebe spricht, sagt „Jesus Christus". Mit ihm hat Gott sich auf diese unsere Welt festgelegt.

Das ist nicht das Allerweltscredo vom lieben Gott: „Brüder, überm Sternenzelt muß ein lieber Vater wohnen." Die Sache ist anders: Gott „hat seinen eigenen Sohn nicht verschont, sondern ihn für uns alle hingegeben – wie sollte er uns mit ihm nicht alles schenken?" (32). Er hat sich nicht geschont, alles hat er gegeben. Er hat sich mit Jesus Christus festgelegt auf diese unsere Welt mit ihren Kalamitäten. Er geht darin nicht unter, sondern steht auf. Er steht zu uns. Es gibt noch Stärkeres als Anklagen und Verurteilungen, als Leiden und Tod. „All das überwinden wir durch den, der uns geliebt hat" (37). Die Liebe ist stärker als der Tod.

Das Leben als letzte Gelegenheit?

Ist das Vertröstung auf das Leben nach dem Tod? Wo das „jenseits des Todes" schlechterdings als Vertröstung verdächtigt wird, da wird das Diesseits trostlos. Denn wer tröstet dann diejenigen, die wir mit bestem Willen nicht trösten können, wer tröstet die längst Verstorbenen, wer tröstet die Opfer, wer tröstet die, die leer ausgehen – wer?

Keine Frage, es gibt eine fragwürdige Vertröstung auf das Jenseits, aber es gibt die noch viel fatalere Vertröstung mit dem Diesseits. Wenn das Leben vor dem Tod alles ist, dann wird es schließlich zur „letzten Gelegenheit"

(M. Gronemeyer): Ja nichts verpassen, alles jetzt! Tempo, Tempo! Die Zeit tickt. Das erleben wir heute mit allen Konsequenzen der Lebenssucht und Todesangst, der Hektik und Überforderung. Mächte und Gewalten, die ihre Opfer fesseln und bannen. Das ist mörderisch. Menschen wollen dem Tod auf eigene Faust entkommen und sich verewigen, und sie verfallen ihm um so sicherer. Wir können machen, was wir wollen, wir werden aus diesem gnadenlosen Kreis nie durch uns selbst herauskommen. Nur die Liebe kann uns daraus befreien. „All das überwinden wir durch den, der uns geliebt hat" (37). – Wer jetzt nicht alles haben muß, weil ihm das Beste immer noch bevorsteht, verliert die Angst, zu kurz zu kommen. Er hat Zeit, sich anderen zuzuwenden, besonders denen, die keinen Menschen haben. Er kann gelassen ans Werk gehen.

Hier, in der Frage der Lebensperspektive über den Tod hinaus, hier ist der Ort der Auseinandersetzung mit Andersdenkenden. Sie kann nicht über eine dünnere Decke geführt werden. Mit einem verwässerten Christentum ist niemandem gedient.

„Ich bin gewiß: Weder Tod noch Leben … noch irgendeine andere Kreatur können uns scheiden von der Liebe Gottes, die in Christus Jesus ist, unserem Herrn" (39). – Ich wüßte nicht, von welcher Hoffnung ich leben sollte, wenn ich dessen nicht gewiß wäre. Ich wüßte nicht, wofür ich leben und arbeiten sollte, wenn ich nicht darauf vertraute. Meine ganze Lebenshoffnung ist darin versammelt, daß ich der Liebe Gottes glauben darf.

Was wäre, wenn ...

„Wenn aber verkündigt wird, daß Christus von den Toten auf-
erweckt worden ist, wie können dann einige von euch sagen:
Eine Auferstehung der Toten gibt es nicht? Wenn es keine Auf-
erstehung der Toten gibt, ist auch Christus nicht auferweckt
worden. Ist aber Christus nicht auferweckt worden, dann ist un-
sere Verkündigung leer und euer Glaube sinnlos. Wir werden
dann auch als falsche Zeugen Gottes entlarvt, weil wir im
Widerspruch zu Gott das Zeugnis abgelegt haben: Er hat Chri-
stus auferweckt. Er hat ihn eben nicht auferweckt, wenn Tote
nicht auferweckt werden. Denn wenn Tote nicht auferweckt
werden, ist auch Christus nicht auferweckt worden. Wenn aber
Christus nicht auferweckt worden ist, dann ist euer Glaube
nutzlos, und ihr seid immer noch in euren Sünden; und auch
die in Christus Entschlafenen sind dann verloren. Wenn wir
unsere Hoffnungen nur in diesem Leben auf Christus gesetzt
haben, sind wir erbärmlicher daran als alle anderen Menschen.
Nun aber ist Christus von den Toten auferweckt worden als der
Erste der Entschlafenen. Da nämlich durch einen Menschen der
Tod gekommen ist, kommt durch einen Menschen auch die Auf-
erstehung der Toten. Denn wie in Adam alle sterben, so werden
in Christus alle lebendig gemacht werden" (1 Kor 15,12–22).

Klare Worte, in letzten Fragen. Es geht auf Leben und Tod.
Ostern ist nicht ein Fest neben anderen, nicht eine Wahrheit neben anderen, sondern der Angelpunkt des Glaubens. Daran hängt alles, wie die Tür in der Angel. Ostern
wird die Tür des Glaubens aufgestoßen, die niemand
mehr schließen kann (vgl. Offb 3,7).

Farbe bekennen

Mancher mag denken: Gut, daß der Mensch überhaupt „etwas" glaubt; was, das ist im Grunde egal. Der eine so, der andere so. Hauptsache, er kommt über manches besser weg, Leben und Sterben werden etwas leichter.

Christen können sich nicht damit begnügen, „irgend etwas" zu glauben. Wir sind nicht mit allen Wassern gewaschen, sondern mit einem ganz bestimmten Wasser: dem der Taufe auf den Tod und die Auferstehung Christi. Die Farblosigkeit eines religiösen „Wischiwaschi" ist nur zu überwinden, indem wir Farbe bekennen. Dazu sind wir mit Paulus herausgefordert.

Der Apostel fragt in äußerster Zuspitzung: Was wäre, wenn …? Das kann die Situation klären. Was wäre, wenn Christus nicht auferweckt ist? Die Antwort: Dann ist es aus mit unserer Verkündigung: Sie ist leer, hohles Wortgeklingel (14). Dann ist es aus mit unserer Zeugenschaft: Die ist „falsch", Lug und Betrug (15). Dann ist es überhaupt aus mit unserem Glauben: Er ist „sinnlos", „nutzlos" (14. 17).

Der Versuch, Jesus in die allgemeinen Todesgrenzen einzusperren und ihn schließlich noch psychologisch, sozial oder politisch plausibel zu machen, als Angebot (versteht sich), um ja niemandem zu nahe zu treten, das ist ein hoffnungsloses Unterfangen. Dann ist es besser, meint Paulus, man macht sich nichts vor und lebt ohne Hoffnung als mit einer eingebildeten Hoffnung. Damit wären wir „erbärmlicher daran als alle anderen Menschen" (19). Kaum irgendwo sonst hat er das christliche Glaubensbekenntnis so auf den Punkt gebracht.

Man wird erinnert an Jean Pauls „Rede des toten Christus vom Weltgebäude herab, daß kein Gott sei". Die unheimliche Vision des Atheismus: Was wäre, wenn Gott nicht wäre? „Wir sind alle Waisen, sind ohne Vater ... jeder ist allein ... ich bin nur neben mir ... jedes Ich ist sein eigener Schöpfer ... und sein eigener Würgeengel ... es kommt kein Morgen ..."

In der Auferweckung Jesu Christi geht es zuerst und zuletzt um Gott. Wir verraten Gott, wenn wir dem Tod mehr zutrauen als ihm. Dann wäre er nicht Gott. Der Tod ist endlich, sterblich. Er ist nicht göttlich, er ist unser geschöpflicher Tod. Er stirbt, wie wir sterben. „Der letzte Feind, der entmachtet wird, ist der Tod" (26). Jesu Auferweckung ist der Todesstoß für den Tod.

Vom Tod zum Leben

Ja und – war's das schon? Ist das alles? Und wir? Christi Auferweckung in allen Ehren – ist sie so einmalig, daß sie nur ihn betrifft? Nein, sagt Paulus, das gerade nicht, es betrifft die Toten. Das Leben des gekreuzigten und auferstandenen Christus ist untrennbar mit dem Schicksal der Toten verbunden, mit uns, die wir bald schon zu ihnen gehören. Wiederum spitzt der Apostel den Gedanken zu: Was wäre, wenn ... Was wäre, wenn die Toten nicht auferweckt werden? Die Antwort: „Dann ist auch Christus nicht auferweckt worden!" Dreimal unterstreicht er das mit unerbittlicher Radikalität (13. 15 f). Entweder gilt auch uns, was Christus ans Licht gebracht hat, oder alles ist aus! Es gibt keine Hoffnung auf Christi Sieg über den Tod, wenn es keine Hoffnung für die Toten gibt. Mit Christus ist der Anfang gemacht (er ist „der Erste", 20), aber die Auferweckung ist mit ihm nicht zu Ende.

Paulus denkt so: Wir sind Adamskinder, darin ist die ganze Menschheit eingeschlossen. Wir sind auf dem Weg vom Leben zum Tod; das verbindet uns alle, das gehört zum menschlichen Geschick. Sind wir nur Adamskinder?

Nein, sagt Paulus, es gibt noch eine andere Genealogie. In unserem Leben ist mehr, als wir von Adam und Eva her mitbekommen haben, mehr als die Destination vom Leben zum Tod. Christus ist in der Taufe in unser Leben eingetreten. Sein Weg ist in unseren Weg eingezeichnet, sein Weg vom Tod zum Leben. „Denn wie in Adam alle sterben, so werden in Christus alle lebendig gemacht werden" (22). Auferweckung der Toten!

Solidarität mit den Toten

Adam – Christus! Hier geht es nicht etwa nur um unser privates Schicksal, sondern um alle Menschen. Nur in dieser universalen Perspektive wird man der Osterbotschaft des Paulus gerecht. Er fragt zunächst nicht: ‚Was ist mit mir' privat nach dem Tod?', sondern: ‚Was ist mit den anderen nach dem Tod, mit den Menschen, die vor uns gelebt und gelitten haben? Was ist mit der ganzen Menschheit, die von Adam herkommt?'

Die universale Auferweckung der Toten ist Ausdruck des Glaubens an die Gerechtigkeit Gottes. Sie ist stärker als der Tod, sie wird allen Menschen gerecht. Diese Osterbotschaft verpflichtet uns nicht nur zu einer Solidarität mit den Lebenden und mit den kommenden Geschlechtern, sondern auch zu einer Solidarität mit den vergangenen Geschlechtern, zu einem geschichtlichen Bund nicht nur mit den Enkeln, sondern auch mit den Vätern und Müttern, mit den Opfern der Geschichte. Sie wahrt die Einheit und Solidarität der gesamten Menschheitsgeschichte. Sie spricht von einer Zukunft für alle, für die Lebenden und die Toten. Schließlich macht kein Glück der Enkel das Leid der Väter und Mütter wieder gut, und kein sozialer Fortschritt versöhnt die Ungerechtigkeit, die den Toten widerfahren ist.

Hier lassen uns die rein sozialen Botschaften mit ihren Verheißungen im Stich. Sie lassen die Toten im Stich und erweisen sich gerade dadurch im letzten als unsozial. Kein gesellschaftlicher und sozialer Fortschritt gibt den Toten Sinn. Was ist das für eine Gesellschaft, die Millionen und Abermillionen von ihren Verheißungen ausschließt, die auf dem Rücken der Toten und gar auf dem Rücken derer, die für sie geopfert wurden, die Zukunft gestalten und genießen will?! Wenn wir den Tod als sinnlos verdrängen und gleichgültig über die Toten weggehen, werden wir schließlich auch für die Lebenden keine Verheißungen mehr haben, die ihrem Leben Sinn geben.

Also doch: Vertröstung aufs Jenseits? Das ist uns Christen oft vorgeworfen worden. Der christliche Glaube lähmt nicht unseren Einsatz in dieser Welt, er inspiriert uns dazu, er mobilisiert uns. Er widerspricht ausdrücklich einer billigen Vertröstung auf das Jenseits, die weltflüchtig von überwindbaren Übeln ablenkt. Aber er widerspricht ebensosehr einer nicht minder schlimmen Vertröstung auf das Diesseits. Wo das Denken und Hoffen über den Tod hinaus schlechterdings als Vertröstung abgetan wird, da wird das Diesseits schließlich trostlos. Denn wer tröstet dann diejenigen, die wir bei bestem Willen nicht trösten können? Wer tröstet die längst Verstorbenen? Oder sind sie nichts, gelten sie nichts? Wer tröstet die Unterlegenen, die zu kurz Gekommenen?

Auferweckung der Toten – ein schöner Gedanke? Zu schön um wahr zu sein? Daß unser Osterglaube mehr ist als ein ohnmächtiger Aufstand unseres Herzens, mehr als das Ergebnis menschlicher Sehnsucht, das verbürgt uns allein das Osterzeugnis, das uns mit Paulus bekennen läßt: „Nun aber ist Christus von den Toten auferweckt worden als Erster der Gestorbenen" (20). Gott sei Dank!

Im Zeichen des Lammes

„Und ich sah auf der rechten Hand dessen, der auf dem Thron saß, eine Buchrolle; sie war innen und außen beschrieben und mit sieben Siegeln versiegelt. Und ich sah: Ein gewaltiger Engel rief mit lauter Stimme: Wer ist würdig, die Buchrolle zu öffnen und ihre Siegel zu lösen? Aber niemand im Himmel, auf der Erde und unter der Erde konnte das Buch öffnen und es lesen. Da weinte ich sehr, weil niemand für würdig befunden wurde, das Buch zu öffnen und es zu lesen.

Da sagte einer von den Ältesten zu mir: Weine nicht! Gesiegt hat der Löwe aus dem Stamm Juda, der Sproß aus der Wurzel Davids; er kann das Buch und seine sieben Siegel öffnen.

Und ich sah: Zwischen dem Thron und den vier Lebewesen und mitten unter den Ältesten stand ein Lamm; es sah aus wie geschlachtet und hatte sieben Hörner und sieben Augen; die Augen sind die sieben Geister Gottes, die über die ganze Erde ausgesandt sind.

Das Lamm trat heran und empfing das Buch aus der rechten Hand dessen, der auf dem Thron saß. Als es das Buch empfangen hatte, fielen die vier Lebewesen und die vierundzwanzig Ältesten vor dem Lamm nieder; alle trugen Harfen und goldene Schalen voll von Räucherwerk; das sind die Gebete der Heiligen. Und sie sangen ein neues Lied:

Würdig bist du, / das Buch zu nehmen und seine Siegel zu öffnen;

denn du wurdest geschlachtet / und hast mit deinem Blut Menschen / für Gott erworben / aus allen Stämmen und Sprachen, / aus allen Nationen und Völkern,

und du hast sie für unsern Gott / zu Königen und Priestern gemacht; / und sie werden auf der Erde herrschen.

Ich sah, und ich hörte die Stimme von vielen Engeln rings um den Thron und um die Lebewesen und die Ältesten; die Zahl der Engel war zehntausendmal zehntausend und tausendmal tausend. Sie riefen mit lauter Stimme:

Würdig ist das Lamm, das geschlachtet wurde, / Macht zu empfangen, Reichtum und Weisheit, / Kraft und Ehre, Herrlichkeit und Lob.

Und alle Geschöpfe im Himmel und auf der Erde, unter der Erde und auf dem Meer, alles, was in der Welt ist, hörte ich sprechen:

Ihm der auf dem Thron sitzt, und dem Lamm / gebühren Lob und Ehre und Herrlichkeit und Kraft in alle Ewigkeit.

Und die vier Lebewesen sprachen: Amen. Und die vierundzwanzig Ältesten fielen nieder und beteten an" (Offb 5,1–14).

Ein Buch mit sieben Siegeln

„Ein Buch mit sieben Siegeln…" Wir wissen, was das heißt. Wir kennen es nicht nur als geflügeltes Wort, sondern mehr noch aus Erfahrung. Nicht selten erscheint uns das ganze Leben wie ein Buch mit sieben Siegeln. Wer weiß denn schon, was die Welt im Innersten zusammenhält? Vieles ist rätselhaft, unverständlich.

Ein Buch mit sieben Siegeln – das sind wir oft genug uns selbst. Kennen wir uns eigentlich selbst? Wissen wir, wer wir sind? Es gibt Situationen, da verstehen wir uns selbst nicht mehr.

Ein Buch mit sieben Siegeln – im Grunde gilt das für jeden von uns. Wir leben zusammen, wir arbeiten zusammen, vielleicht sogar am selben Ziel. Wir begegnen uns und sagen: „Wir kennen uns doch, nicht wahr?" Wirklich? Oft müssen wir schmerzlich feststellen: Der ist mir ganz fremd geworden. Eltern verstehen ihre Kinder nicht mehr, und Kinder ihre Eltern nicht. Menschen haben sich kennen- und liebengelernt, und dann können sie sich auf einmal nicht mehr sehen.

Da versteht man schließlich die Welt nicht mehr. Was soll das Ganze? Was hat das Ganze für einen Sinn? Wir blicken nicht mehr durch, sehen den Zusammenhang nicht mehr. Die Welt und unser Leben – ein Buch mit sieben Siegeln.

Wer öffnet das Buch?

„Wer ist würdig, die Buchrolle zu öffnen und ihre Siegel zu lösen?" (2). Käme nur einer, der sie aufbrechen kann. Wir würden allzugern in diesem Buch lesen. Wir möchten wissen, was die Welt im Innersten zusammenhält, warum wir so sind, wie wir sind, warum die Last des Lebens nicht leichter ist. Wir würden auch gern etwas tun, um uns und die Welt zu ändern, um herauszukommen aus den vielen schlimmen Kreisläufen von Haß und Gewalt. Wenn wir nur durchblickten!

Die Aufklärung ist davon ausgegangen, daß wir die Welt lesen können wie ein aufgeschlagenes Buch. Und die neuzeitlichen Ideologien haben das für sich in Anspruch genommen. Die Zukunft schien im Griff, auf Jahrtausende hin programmiert, braun oder rot gefärbt. Das ist inzwischen durchschaut. Die Welt ist ein Buch mit sieben Siegeln geblieben.

Keine Frage, die Wissenschaften haben im Gefolge der Aufklärung vieles entziffert in diesem Buch, bis zur Stunde. Der Prozeß geht weiter. Sogar einiges von unseren Erbmustern ist lesbar geworden. Aber je mehr wir wissen, desto unfaßlicher wird die Welt. Bei allem Wissen im Detail weiß am Ende kaum noch jemand, was das Ganze ist und soll. „Wir wissen immer mehr und werden immer dümmer" (Karl Rahner). Manche sagen, das „Analphabetentum" breite sich aus. Bei allem Wissen sind wir uns in den entscheidenden Lebensfragen immer weniger gewiß.

Es mag uns gehen wie dem Seher der Offenbarung: Er ist traurig darüber, daß keiner die sieben Siegel aufbrechen kann, die das Buch der Welt und unseres Lebens verschlossen halten. Er weint. Es ist ja oft genug auch zum Heulen. Das Weinen ist allemal ehrlicher, als cool darüber wegzugehen oder sich in pseudo-aufgeklärter Abgeklärtheit über die Mühen anderer lustig zu machen. Aber bleibt denn alles ein dunkles Geheimnis, das nie enthüllt werden kann? Bleibt das Buch unlesbar, oder gehen die Siegel auf?

Manches löst sich von selbst, die Siegel nicht. Sie lösen sich auch nicht durch uns. Die Macher machen's nicht: „Niemand im Himmel, auf der Erde und unter der Erde konnte das Buch öffnen und es lesen" (3). Niemand von uns! Wer denn?

Löwe und Lamm

„Da sagte einer von den Ältesten zu mir: Weine nicht! Gesiegt hat der Löwe aus dem Stamm Juda, der Sproß aus der Wurzel Davids; er kann das Buch und seine sieben Siegel öffnen" (5).

Der Löwe also ist's. Das mag uns einleuchten: der Löwe als Symbol, als Inbegriff der Kraft, der Macht und Gewalt. Viele Staaten und Länder haben den Löwen in ihrem Wappen (auch unser Land Hessen). Viele setzen auf den Löwen als Triebkraft der Geschichte, versuchen, ihren Löwenanteil zu bekommen. Ist das der Sinn der Welt- und Lebensgeschichte?

Auch Israel hat nicht selten allein auf den Löwen gesetzt. Bis „der Löwe aus dem Stamm Juda, der Sproß aus der Wurzel Davids" kam. Durch ihn bekommt der Löwe ein anderes Gesicht. Er wird – wie im Kontrast – durch ein anderes Tier umgestaltet, maßgeblich und verbindlich für das Volk Gottes: Der siegreiche Löwe ist das geschlachtete Lamm.

Das Lamm wird den Löwen vorgeworfen (wie Daniel). Es kommt nicht ungeschoren davon, es wird geschlachtet, dem Rachen des Todes ausgesetzt. Doch es geht in den Abgründen der Löwengrube nicht unter. Es erhebt sich. Der Gekreuzigte steht auf zu neuem Leben. In ihm ist das Geheimnis unseres Lebens erschlossen.

Das geschlachtete Lamm ist würdig, „das Buch zu nehmen und seine Siegel zu öffnen" (9). Es hat die Siegel durchlitten, aufgelitten. Durch das geschlachtete Lamm ist das Buch lesbar geworden. Das Geheimnis der Welt ist nicht bestimmt von der Liebe zur Macht, sondern von der Macht der Liebe. Das ist wie eine Erlösung. Das ist die Erlösung!

Die Osterbotschaft sagt uns dieses beide:

– Der Löwe ist das Lamm. Von ihm her erschließt sich der Sinn der Welt- und unserer Lebensgeschichte. Wir sind „erkauft mit seinem Blut", „aus allen Stämmen und Sprachen, aus allen Nationen und Völkern" (9).

– Das Lamm ist der Löwe. Es ist nicht ein Zeichen der Schwäche, sondern der Stärke. Also nicht ein Osterlamm, wie man es beim Bäcker kaufen kann, mit Schokolade überzogen und allemal lammfromm. Wir halten's in der Hand und sagen: ‚Ach wie süß ...' So nicht! Das Lamm ist der Löwe, kraftvoll, feurig. Das geschlachtete Lamm, der gekreuzigte Jesus Christus empfängt „Macht, Reichtum und Weisheit, Kraft und Ehre, Herrlichkeit und Lob" (12).

Es ist gut, das zu wissen. Der ganz Reine, der nicht in die eigene Tasche wirtschaftete und nicht über Leichen ging, der sich ganz für die anderen gab, er hält letztlich die

Macht in den Händen. Bei ihm ist sie in guten Händen. In ihm sammelt sich der Sinn der Geschichte.

Wer's bedenkt und wem sich so der Sinn des Lebens erschließt, der geht in die Knie: „Sie fielen nieder und beteten an" (14). Was können wir schließlich und endlich Besseres tun, hier im Gottesdienst und überhaupt, als Ostern zu feiern! Vor allen Pastoralplänen und kirchlichen Fünf-Jahres-Plänen ist dies zu sagen: Ostern ist zu feiern, mit allem, was wir sind und haben. Mit unseren Stimmen und Instrumenten dürfen wir aus voller Kehle im Chor das „neue Lied" (9) singen. „Sie riefen mit lauter Stimme: Würdig ist das Lamm, das geschlachtet wurde ..." (12).

Unter offenem Himmel

„Jakob zog aus Beerscheba weg und ging nach Haran. Er kam an einen bestimmten Ort, wo er übernachtete, denn die Sonne war untergegangen. Er nahm einen von den Steinen jenes Ortes, legte ihn unter seinen Kopf und schlief an jenem Ort ein. Da hatte er folgenden Traum: Eine Treppe stand auf der Erde, sie reichte bis zum Himmel. Auf ihr stiegen Engel Gottes auf und nieder. Oben stand der Herr und sprach: Ich bin der Herr, der Gott deines Vaters Abraham und der Gott Isaaks. Das Land, auf dem du liegst, will ich dir und deinen Nachkommen geben. Deine Nachkommen werden zahlreich sein wie die Staubkörnchen auf der Erde. Du wirst dich unaufhaltsam ausbreiten nach Westen und Osten, nach Norden und Süden, und durch dich und deine Nachkommen werden alle Geschlechter der Erde Segen erlangen. Ich bin mit dir, ich behüte dich, wohin du auch gehst, und bringe dich zurück in dieses Land. Denn ich verlasse dich nicht, bis ich vollbringe, was ich dir versprochen habe. Jakob erwachte aus seinem Schlaf und sagte: Wirklich, der Herr ist an diesem Ort, und ich wußte es nicht. Furcht überkam ihn, und er sagte: Wie furchtregend ist doch dieser Ort! Hier ist nichts anderes als das Haus Gottes und das Tor des Himmels. Jakob stand früh am Morgen auf, nahm den Stein, den er unter seinen Kopf gelegt hatte, stellte ihn als Gedenkstein auf und goß Öl darauf. Dann gab er dem Ort den Namen Bet-El (Gotteshaus)“ (Gen 28,10–19).

Jakobs Vision

Wo gehöre ich hin? Wo kann ich bleiben? Urfragen des Menschen. Wir können nicht leben ohne ein Zuhause.

Haus – das ist weit mehr als eine Ansammlung von Steinen. Es bedeutet Geborgenheit, ein Dach überm Kopf, und nicht nur überm Kopf, sondern auch für die Seele. Man kann ja ein schönes Haus haben und doch kein Zuhause. Die ständig wachsende Zahl der psychisch Obdachlosen ist nicht weniger erschreckend als die Zahl derer, die bei uns buchstäblich auf der Straße liegen. – Wo gehöre ich hin? Wo kann ich bleiben? Schließlich und endlich wollen wir Heimat finden, nicht nur heute und morgen, sondern überhaupt.

Jakob – ein Mensch auf der Flucht (10). Er hat seinen Bruder um den Segen betrogen, und nun muß er vor allen davonlaufen, vor dem Vater, dem Bruder, vor Gott und nicht zuletzt vor sich selbst. Er liegt auf der Straße, obdachlos. Die Sonne ist untergegangen. Die Nacht überfällt ihn. Er sinkt in den Schlaf, den Kopf auf einem alten, denkwürdigen Stein.

Jakob hat einen Traum, eine Vision: eine Leiter, auf der Engel auf- und niedersteigen. Sie steht auf der Erde und reicht an den Himmel (12). Gott offenbart sich ihm: „Ich bin mit dir, ich behüte dich, wohin du auch gehst … Ich verlasse dich nicht" (15). Jakob wacht auf und ruft aus: „Hier ist nichts anderes als das Haus Gottes und das Tor des Himmels" (17). Haus Gottes: Der Flüchtige weiß, wo er unterkommen kann.

Der Stein und der Traum! Einige Seiten vorher zeichnet die Bibel eine Art Kontrastbild: Babel! Da geht es auch um Steine und um einen (Menschheits-)Traum, der Himmel und Erde zusammenbringen soll. Die Leute von Babel wollen mit ihrem Turm den Himmel stürmen, und sie fallen schließlich aus allen Wolken, sie werden zerstreut, heimatlos.

Jakob braucht keinen Turm zu bauen, um in den Himmel zu kommen, er bleibt auf der Erde. Die Richtung seines Traumes geht nicht von der Erde in den Himmel, son-

dern vom Himmel zur Erde. Er bekommt anderes zu sehen und zu hören, als Menschen sich an den Tiefpunkten
und auf den Höhepunkten ihres Lebens selbst erträumen.
Gott kommt ihm auf der Flucht in die Quere und entgegen, Gott, der ganz andere. Erfahrungen an der Grenze!
Da kann man die Engel singen hören, und der Flüchtige
findet ein Obdach: das Haus Gottes.

Über Jesus ist der Himmel offen

Hat das alles etwas mit Ostern zu tun? Und ob! Im Johan-
nesevangelium greift Jesus die Erzählung von der Ja-
kobsleiter auf: „Amen, Amen, ich sage euch: Ihr werdet
den Himmel offen und die Engel Gottes auf- und niedersteigen sehen über dem Menschensohn" (Joh 1,51). Das
ist die Botschaft von Ostern: Über Jesus ist der Himmel
offen. Er bringt Himmel und Erde zusammen, Gott mit
den Menschen. Er ist kein Himmelsstürmer, auch kein
Aufsteiger. Er ist heruntergekommen, hinabgestiegen bis
zum Tod am Kreuz, bis ins Grab. Diesen Jesus hat Gott
auferweckt, er ist auferstanden. Über Jesus ist der Himmel
offen und über allen, die bei ihm sind. Wir leben nicht
mehr wie in einem Totenhaus. Der Stein vor der Grabkammer kam ins Rollen. „Hier ist nichts anderes als das
Haus Gottes und das Tor des Himmels" (28,17). Jesus ist
der Raum Gottes, die Stätte seiner Gegenwart auf Erden.
Uns allen – oft genug unbehaust und obdachlos und nicht
selten auf der Flucht – ist in ihm Heimat geschenkt, ein
Dach überm Kopf und ein Zuhause für die Seele.

Stein und Traum

Der Stein und der Traum, die harte Wirklichkeit der Fakten und die Vision, in der sich Himmelstore auftun. Eine ungeheure Spannung! Wie soll man die durchhalten, damit der Stein die Vision nicht erdrückt und die Vision den Stein nicht verflüchtigt?

Viele sagen: Ach was, alles nur ein Traum. Die Verhältnisse sind nicht so. Die harte Wirklichkeit duldet keine Visionen, auch keine Ostervisionen. Weg damit. Kommen wir zur Sache. – Ein Pragmatismus, der nur noch Erde/Stein sieht und nicht mehr wahrnimmt, daß der Himmel über ihr aufgegangen ist.

Andere wollen sich auf der Suche nach Geborgenheit ganz in ihren Träumen einnisten: ,Weg mit den steinigen Verhältnissen. Die trostlosen und phantasielosen Realitäten interessieren uns nicht.' Was wird heute nicht alles getan, um eine illusionäre Welt zu inszenieren. Das gilt auch für religiöse Traumtänzereien. Man entzieht sich dem Anspruch eines wachen, aufgeklärten Bewußtseins und zieht sich zurück in eine gefühlige, stimmungsvolle Unmündigkeit: ein bißchen Harmonie, ein bißchen Innerlichkeit und Selbstverwirklichung, ein bißchen privates Glück. Das könnte ein böses Erwachen geben. Gottes Verheißung ist nicht zu trennen von den harten Realitäten des Lebens, sonst rettet sie nicht. Sie schließt die gesellschaftlichen Gegebenheiten und Herausforderungen nicht aus, sondern bezieht sie ein.

Gott will uns weder in Grabkammern wohnen lassen noch im Wolkenkuckucksheim. Der christliche Glaube läßt uns zusammenhalten, was in Jesus zusammengekommen ist: die steinige Wirklichkeit unserer Welt und die Ostervision. Das ist das Geheimnis unseres Christusglaubens.

Jakob stellt einen Stein auf als Denkmal gegen das Vergessen. Er will den Ort der Gottesvision auf jeden Fall in Erinnerung halten, wenn er sich neu auf den Weg macht. Ein Denkmal gegen das Vergessen: Das ist unser Dom, das sind unsere christlichen Feste, Ostern und jeder Sonntag. Ohne die Gotteshäuser und den Rhythmus der Feste und Sonntage werden uns die Visionen und Gotteserfahrungen kaum in Erinnerung bleiben. „Hier ist nichts anderes als das Haus Gottes und das Tor des Himmels" (17). Haus Gottes – ein Obdach für uns, wie wir sind, auch und nicht zuletzt für die Seele.

Leben – nicht auf Probe!

Ostern ist Bekenntnis zum Leben, nicht nur allgemein zum Leben, sondern zu einem bestimmten Leben: „Ich glaube an die Auferstehung der Toten und das ewige Leben." Ewiges Leben – wie soll man sich das vorstellen?

Vor einiger Zeit kam ein Mann zu mir, sehr einflußreich in den Medien, ernsthaft religiös. Es ging ihm um Lebensfragen, um die Frage nach dem ewigen Leben: ‚Wie soll man das verstehen? Sind wir nur einmal auf der Erde? Warum nicht mehrmals? Vielleicht kommen wir von neuem in anderen Lebewesen, in anderen Menschen zur Welt, vielleicht werden wir von neuem geboren im ewigen Kreislauf des Lebens?' Reinkarnation. Ist das nicht auch eine Art ewiges Leben?

Sie haben sicher davon gehört. Sendungen in den Medien zu diesem Thema erreichen höchste Einschaltquoten. Die Auflagen einschlägiger Schriften gehen sprunghaft in die Höhe. Mancher mag denken: das ist doch kurios, abwegig, abergläubig. Oder meinen Sie: Na ja, wer weiß, vielleicht ist doch etwas daran? Ist das so anders als unser Glaube an das ewige Leben? Kann man das nicht miteinander verbinden: Auferstehung und Reinkarnation? Warum eigentlich nicht? Das hat seine Gründe.

Auferstehung des Fleisches

Die Vorstellung vom Menschen in der Reinkarnationslehre ist sonderbar. Da geht man von einem Leben ins andere wie in ein anderes Zimmer. Die Tapeten werden gewechselt. Was ist mit dem Zimmer, das ich verlasse? Steht es dann leer? Was ist mit dem Leib? Ist er nur Übungsgelände? Wird er zurückgelassen wie eine ausgebrannte Rakete? Ist er gleichgültig, zählt er nicht mit? Geht es schließlich nur darum, ihn loszuwerden, um von ihm „befreit" und „erlöst" als reiner Geist zu existieren?

Die Skepsis gegenüber allem Leiblichen, gegenüber allem Materiellen sitzt der Reinkarnationslehre seit alters her tief in den Knochen (sofern sie Knochen zuläßt und sie nicht längst vergeistigt hat). Das Christentum ist nicht selten anfällig gewesen für solche Vorstellungen. Sie sind ihm aber von seinem Ursprung her völlig fremd. Es ist ein großer Unterschied, ob ich nur einen Leib habe, den ich gegen einen anderen auswechseln kann, oder ob ich Leib bin. Der Mensch ist Leib. Das Heil ist nicht nur in der Seele zu suchen, die sich schließlich absetzt und aus dem Staube macht. Der Staub der Erde, der Leib ist in die Vollendung einbezogen: „Ich glaube an die Auferstehung des Fleisches" – deutlicher kann man es nicht sagen! Darum spielt der Leib in der Begegnung Jesu mit den Osterzeugen eine große Rolle. Jesus zeigt auf seine Wunden: Thomas, schau her. Leg deine Hand in die Wunden! Jesus hat seine leibhaftige Lebensgeschichte nicht abgestreift, sie ist da. Seine ganze Geschichte gehört zu ihm, zu seiner Identität. Sie ist in die Auferstehung einbezogen.

Es gilt heute in gewissen Kreisen als sehr modern und religiös zugleich, in fernöstliche transzendentale Meditation zu versinken und die Welt erklärtermaßen zum Teufel gehen zu lassen. Statt dessen erwartet man eine Reinkarnation im neuen Zeitalter des Wassermanns. Mit dem Osterglauben hat das nichts zu tun. Man kann nicht die Auferstehung des Fleisches bekennen und sich zugleich in irgendeine religiöse Kuschelecke absetzen und der Welt ade sagen. Hier scheiden sich die Geister. Sie scheiden sich noch schärfer, wenn es um die Einmaligkeit jedes einzelnen Menschen geht.

Immer im Kreis?

In der Reinkarnationslehre denkt man es sich so: Wie die Natur vergeht, vergeht auch der Mensch. Und wie die Natur zu neuem Leben erwacht, so auch der Mensch. Er ist eingebunden in den ewigen Kreislauf des „Stirb und Werde". Das Leben ist wie ein Spiel, das jederzeit neu beginnen kann; man probiert's halt noch mal. Wenn der erste Versuch nicht gelingt, warum dann nicht ein zweites, drittes, x-tes Leben?

Das kommt vielen Tendenzen in unserer Gesellschaft sehr entgegen: Alles ist ersetzbar, alles kann ausgewechselt werden, schließlich sogar die Beziehungen, etwa in der Ehe. Dann schwindet der Sinn dafür, sich in Freiheit zu binden und einmal getroffenen Entscheidungen treu zu bleiben. Schließlich wird dann auch das Leben auswechselbar.

Ist das ein Leben? Wer bin ich, wenn ich schon x-mal irgend ein anderer gewesen sein kann, wenn mein Leben die Neuauflage eines anderen ist? Jeder Mensch ist einmalig. Die Zeit, die uns zu leben geschenkt ist, kommt nicht wieder. Sie ist durch den Tod befristet, der Ernstfall. Man kann nicht auf Probe leben, und man kann erst recht nicht auf Probe sterben.

Ostern heißt nicht, daß es endlos so weitergeht mit unserem Leben: weiterleben, weitermachen, weiter, weiter, immer so weiter … Ostern heißt: neuer Mensch und neue Welt. Der Kreislauf des ewigen „Stirb und Werde" ist durchbrochen durch Jesu Leben und Sterben. Er hat der Geschichte eine Richtung gegeben. Sie dreht sich nicht im Kreis, sie hat einen Anfang und ein Ziel. Sie ist unwiederholbar, einmalig. Jesus hat sie auf den Punkt gebracht, er hat sie in Gott verankert. Ostern heißt endgültig bei Gott sein und in ihm leben.

Das göttliche Wort

Zur Hoffnung, die über den Tod hinausgeht, sagt Platon: „Man muß sich hier unter den Ansichten der Menschen die beste aneignen, diejenige, die am schwersten zu widerlegen ist. Mit ihr kann man dann, wie auf einem Floß, die Fahrt durchs Leben wagen; falls man nicht sicherer und gefahrloser auf einem festeren Fahrzeug fahren kann, etwa mit einem göttlichen Wort" (Phaidon 85).

Christen fahren mit einem göttlichen Wort. Es ist nicht unser Wort, mit dem wir uns Runde um Runde immer weiter nach oben winden, aus eigener Kraft. Auferstehung ist Gottes Wort und Gottes Tat, in Jesus Christus. Er ist Gottes erstes Wort, das uns ins Dasein ruft. Und er ist Gottes letztes Wort, das Wort, das den Tod bricht und neues Leben schafft, dem der Tod nichts mehr anhaben kann. Christus, Gottes erstes und letztes Wort – Alpha und Omega, wie die Osterkerze anzeigt.

Mit diesem Wort können wir jedermann Rede und Antwort stehen und die Fahrt unseres Lebens wagen. Es möchte in unserem Leben nicht nur hörbar, sondern auch sichtbar werden, Hand und Fuß gewinnen. Es kann sich sehen lassen.

Was erwartet uns? Uns erwartet alles, weil Gott unser ein und alles ist. Er erwartet uns. Ihm trauen wir alles zu, auch den Sieg über den Tod. Ihm gehört das erste und letzte Wort.

CHRISTI HIMMELFAHRT

Treue zur Erde

„Beim gemeinsamen Mahl gebot er ihnen: Geht nicht weg von Jerusalem, sondern wartet auf die Verheißung des Vaters, die ihr von mir vernommen habt. Johannes hat mit Wasser getauft, ihr aber werdet schon in wenigen Tagen mit dem Heiligen Geist getauft. Als sie nun beisammen waren, fragten sie ihn: Herr, stellst du in dieser Zeit das Reich für Israel wieder her? Er sagte zu ihnen: Euch steht es nicht zu, Zeiten und Fristen zu erfahren, die der Vater in seiner Macht festgesetzt hat. Aber ihr werdet die Kraft des Heiligen Geistes empfangen, der auf euch herabkommen wird; und ihr werdet meine Zeugen sein in Jerusalem und in ganz Judäa und Samarien und bis an die Grenzen der Erde.

Als er das gesagt hatte, wurde er vor ihren Augen emporgehoben, und eine Wolke nahm ihn auf und entzog ihn ihren Blicken. Während sie unverwandt ihm nach zum Himmel emporschauten, standen plötzlich zwei Männer in weißen Gewändern bei ihnen und sagten: Ihr Männer von Galiläa, was steht ihr da und schaut zum Himmel empor? Dieser Jesus, der von euch ging und in den Himmel aufgenommen wurde, wird ebenso wiederkommen, wie ihr ihn habt zum Himmel hingehen sehen" (Apg 1,4–11).

„Ich beschwöre euch, bleibt der Erde treu und glaubt denen nicht, welche euch von überirdischen Hoffnungen reden. Giftmischer sind es, ob sie es wissen oder nicht. Verächter des Lebens ..." Ein Wort von Friedrich von Nietzsche, uns Christen ins Stammbuch geschrieben. „Bleibt der Erde treu" – und wir feiern Himmelfahrt! Geht das nicht in entgegengesetzte Richtungen? Himmelfahrt – heißt das Abschied von der Erde? Kündigen wir der Erde die Treue? Das ist nicht selten geschehen: „Die Welt, die mag nun fahren, in ihrer Lust und Pracht. In ihr sind nur Gefahren, nichts, was mich selig macht ..." – die Älteren unter uns kennen dieses Lied noch. Ist das Ausdruck unserer Welteinstellung? Doch kaum. Christen dürfen sich in der Treue zur Erde von niemandem übertreffen lassen. Aber wie bringen wir diese Treue zur Erde mit der Himmelfahrt zusammen?

Auf und davon?

Himmelfahrt: Hat Jesus sich abgesetzt? Hat er sich aus dem Staub gemacht? Wer Jesus so sieht, weiß wenig von ihm. In ihm ist Gott zur Welt gekommen. Gott ist nicht weltlos, und die Welt nicht gottlos. Jesus bürgt für die Treue Gottes zur Erde. Er hat den Staub der Erde geschluckt, in der Wüste, und nicht nur dort. Viel Staub hat er geschluckt. Er hat sich die Hände und Füße dreckig gemacht. Er hat sich auf den Staub der Erde eingelassen – und ist nicht wie alle anderen Staub geworden. Das bekennen wir mit dem Himmelfahrtsfest: Er steht drüber. Wir wissen alle, wie das ist, wenn wir tief drinsitzen, untergehen in unseren Sorgen, in unseren Terminen, in unserer Arbeit, untergehen im Leid. Und dann die heimliche Sehnsucht, drüberzustehen. Jesus steht drüber. Nicht selbstherrlich, nicht wie einer, der nichts mit den Dingen der Welt zu tun hat. Nein, er ist tief nach unten heruntergekommen, der „heruntergekommene" Gott. Er ist den Kalamitäten des Lebens nicht ausgewichen, die hat er vielmehr am eigenen Leib zu spüren bekommen. Er hat das Kreuz des Lebens bis zum bitteren Ende getragen. „Hinabgestiegen in das Reich des Todes". So tief ist er heruntergekommen. Eine Treue zur Erde, die bis zum letzten geht. Sie ist ihm sehr ans Herz gewachsen, er hat sie sich zu eigen gemacht.

123

Der Welt verpflichtet, nicht verfallen

„Herr, du bist König, über alle Welt", so haben wir eben gesungen. Die Erde ist nicht vom Teufel, und wir dürfen sie nicht zum Teufel gehen lassen. Im Namen Jesu Christi sind wir aufgerufen, ihr treu zu sein. „Ihr Männer von Galiläa", heißt es in der Lesung – und die Frauen können wir getrost mit einschließen –, „was steht ihr da und schaut zum Himmel empor?" (1,11). Schaut nach vorn, geht hin in alle Welt. Verkündet aller Kreatur die Botschaft vom Königtum Christi, von seiner Treue zur Erde (vgl. 1,8).

Diese Treue zur Erde wappnet uns vor zwei Gefahren. Sie bewahrt uns vor der Weltflucht. Die ist nicht etwa nur eine Sache der Vergangenheit. Die gibt es auch heute. Manche kultivieren ihre Innerlichkeit, kuscheln sich in der Kirche ein und denken: „Die Welt, die mag nun fahren …" Das ist nicht die Richtung, in die Jesus zeigt. „Geht hinaus in alle Welt", sagt er. Er sagt nicht: „Haltet euch heraus", er sagt: „Mischt euch ein." Wir können und dürfen uns nicht heraushalten, wenn es um die Erde geht und um ihre Zukunft. – Fluchttendenzen können sich auch außerhalb der Kirche breitmachen. New-Age: der Traum von einer neuen Welt, vom Zeitalter einer neuen Innerlichkeit und Harmonie. Man sieht über die gegenwärtigen Kalamitäten weg und ergreift die Flucht nach vorn in eine heile Welt. Das ist nicht die Richtung, in die Jesus uns weist.

Treue zur Erde im Namen Jesu Christi bewahrt uns nicht nur vor der Weltflucht, sondern auch vor einer Weltverfallenheit, die nur noch Erde sieht und ganz darin auf- und untergeht. Viele haben heute nichts anderes mehr als das, was sie haben, ihren Besitz. Davon sind sie schließlich wie besessen. Die Erde kann nicht unser ein und alles sein. Es muß im Leben mehr als alles geben.

Jesus eröffnet uns den Standpunkt, auf dem wir drüberstehen. Es ist ein himmelweiter Unterschied, ob wir diesen Standpunkt einnehmen oder nicht.

„... bis an die Grenzen der Erde"

„Ihr werdet meine Zeugen sein ... bis an die Grenzen der Erde" (8). Mit anderen Worten: „Bleibt der Erde treu!" Das ist der Auftrag von Christi Himmelfahrt. Man kann nicht Christ sein auf Kosten der Erde, sich von ihr absetzen wollen in ein besseres Jenseits. Solche Schleichwege sind Irrwege. Der Himmel liegt nicht über uns, sondern vor uns, als Aufgabe, als Möglichkeit schon hier in dieser Welt. Das heißt nicht, daß wir das Paradies auf Erden erwarten. Der Himmel fällt nicht mit dieser Welt zusammen, heute nicht und in Zukunft nicht. Das sieht jeder, der Augen hat. Aber gerade diese Erde in ihrer Zerrissenheit und Dunkelheit, mit ihren Kalamitäten und offenen Fragen, ihr gilt die Verheißung Gottes. Darum dürfen wir uns nicht einfach mit den Verhältnissen hier abfinden. Wir müssen alles tun, sie zum Besseren zu verändern. An Christi Reich und Herrschaft glauben kann nur der, der die Erde und den Herrn in einem liebt.

Das Reich Gottes wird verraten von denen, die der Erde die Treue kündigen. Es ist auf die Erde gekommen in dem, der ihr treu war bis zum Tod am Kreuz. Die ebnen dem Reich Gottes die Wege, die in der Treue zu Christus der Erde treu bleiben.

Der Himmel trägt

Ganz in seinem Element

Es ist eine Binsenweisheit: Ein Fisch kann im Wasser nicht ertrinken, er ist in seinem Element. Ein Vogel kann in der Luft nicht abstürzen, er ist in seinem Element. Er ist getragen von dem, was ihn umgibt.

Und der Mensch? Was trägt ihn? Wann ist der Mensch in seinem Element? Nie so wie in der Liebe. Wenn er sich lieben läßt, wenn er Gott glaubt und sich ihm anvertraut, dann ist er ganz in seinem Element. „In ihm leben wir, bewegen wir uns und sind wir", sagt Paulus (Apg 17,28). Da sind wir so frei wie ein Fisch im Wasser, wie ein Vogel in der Luft.

Der Grundsatz des christlichen Glaubens lautet: Du bist von Gott geliebt! Descartes hat am Beginn der Neuzeit gesagt: Cogito, ergo sum – Ich denke, also bin ich. Bei allem Respekt vor dem Denken sagen Christen das anders: Amor, ergo sum – Ich bin geliebt, also bin ich. Das geht über das Denken hinaus. Das ist der letzte Grund unserer Christen- und Menschenwürde.

Gottes Liebe hat einen Namen: Jesus Christus. Seine Himmelfahrt meint nicht, daß er eine steile Karriere nach oben gemacht hat. Er ist kein Aufsteiger. Er ist heruntergekommen in unser menschliches Dasein. Er hat gehört und selbst erlebt, was hier zum Himmel schreit. Er hat unserer gebeutelten und geschlagenen Menschennatur Raum gegeben in Gott, sie in Gott beheimatet. Das ist der Himmel, von dem Christi Himmelfahrt spricht. Nicht da, wo der Himmel ist, ist Gott (irgendwo über den Sternen); sondern da, wo Gott ist, ist der Himmel. Und in ihm ist der Mensch ganz in seinem Element – wie der Fisch im Wasser, wie der Vogel in der Luft.

... wie ein Vogel in der Luft

Eine tiefsinnige Fabel erzählt von zwei Vögeln. Der eine liegt auf dem Rücken, die Beine starr gegen den Himmel gestreckt. Der andere Vogel fliegt vorbei, sieht das und fragt verwundert: „Was ist denn mit dir los? Warum liegst du auf dem Rücken und streckst die Beine so starr nach oben?" Der antwortet: „Ich trage den Himmel mit meinen Füßen. Wenn ich sie zurückziehe, stürzt der Himmel ein." In diesem Augenblick geht ein Windstoß durch den Baum. Ein Blatt löst sich und fällt raschelnd zu Boden. Erschrocken dreht sich der Vogel um und fliegt, so schnell er kann, davon. Der Himmel aber bleibt an seinem Ort.

Sich vom Himmel getragen wissen oder den Himmel selber tragen wollen – das ist der Punkt, das genau ist der Unterschied zwischen Glaube und Unglaube. Ein himmelweiter Unterschied! Die Frage ist, ob man sich seinem Element überlassen kann? Wenn nicht, dann bildet man sich schließlich ein (in einer Art Gotteskomplex), man müsse den Himmel tragen, und schließlich erschrickt man vor einem Blatt zu Tode und nimmt Reißaus.

Den Himmel selber tragen?

Die Neuzeit durchzieht der immer neue Versuch, den Himmel selber in die Hand zu nehmen. Dann muß man ihn auch tragen. Ob man sich dabei nicht gewaltig überhebt? Viele haben im Laufe unseres Jahrhunderts gemeint: Wir selbst tragen den Himmel, wir schaffen himmlische

Zustände auf Erden: das rote Paradies und das braune tausendjährige Reich (nach zwölf Jahren war es zu Ende). Das gibt doch zu denken: Menschen wollen den Himmel auf Erden schaffen, und sie landen in der Hölle des Totalitarismus. Sie greifen nach den Sternen, und fallen plötzlich aus allen Wolken.

Die Devise des wirtschaftlichen und technischen Fortschritts lautet: immer mehr und immer besser; wir machen das schon. Alles ist machbar, und was machbar ist, soll auch gemacht werden. Wir schaffen den Himmel auf Erden. Und just in dem Augenblick, da wir denken, die Bäume wachsen in den Himmel, beginnen die Bäume zu sterben. Da liegt doch etwas in der Luft. Die Atmosphäre ist zersetzt (Ozonloch), sie trägt nicht mehr. Wenn der Himmel nicht mehr trägt, dann ist der Mensch nicht mehr in seinem Element.

Viele unserer Zeitgenossen haben Gott aus dem Blick verloren. Was bleibt dann vom Himmel? Er wird anderweitig besetzt. Er wird vollgestopft mit Dingen, mit Flugreisen, Urlaubszielen, Autos … An die Stelle der großen, die ganze Erde umspannenden Hoffnung vom neuen Himmel und der neuen Erde tritt die Hoffnung auf ein bißchen Wohlstandshimmel. Spüren Sie, wie eng und kleinkariert alles wird, wenn der weite Himmel Gottes zum privaten Glück zusammenschrumpft?

Lange Zeit hat man dem Christentum vorgeworfen, daß es die Menschen auf das Jenseits vertröste, auf den Himmel. Trost ist gut, Vertröstung ist schlecht, auch wenn sie sich christlich gibt. Ebenso gefährlich ist die Vertröstung mit dem Diesseits. Das ist die heute gängige Lebenseinstellung. Die Folgen treten klar zutage: Das große Glück muß jetzt stattfinden, man schafft sich den Himmel auf Erden. „Wir wollen alles, und zwar sofort", heißt ein flapsiger Spruch der zeitgenössischen Jugendkultur. Da wächst die Angst, ja nichts zu verpassen. Tempo, Tempo … Das

Leben wird so hastig wie noch nie. Wer sich das maßlose Glück selbst ergattern will, der gerät unter einen unheimlichen Druck, besonders wenn die Glückschancen knapper werden. Da ist jeder sich selbst der nächste, er gebraucht seine Ellenbogen und geht schließlich über Leichen. Die Solidarität bleibt auf der Strecke. Diesseitsbesessenheit entsolidarisiert. Wer jetzt schon alles haben muß, denkt schließlich nur noch an sich. Ohne den Himmel gerät die Erde, gerät die menschliche Gemeinschaft aus den Fugen.

Der Erde zugewandt

Vom Himmel her erschließt sich die Erde. Darum dürfen wir ihn auf keinen Fall den Spatzen überlassen. Die können uns vielmehr ein Zeichen sein, daß der Himmel trägt und daß man wahre Kunstflüge vollbringen kann, wenn man sich ihm überläßt.

Wer weiß, daß der Himmel trägt, der ist ganz in seinem Element. Er hat den Rücken frei zum aufrechten Gang. Er ist von der Panik befreit, ja nichts zu verpassen und ja nicht zu kurz zu kommen. Er weiß, daß ihm das Beste immer noch bevorsteht. Er hat Kopf und Füße, Herz und Hände frei, um sich anderen zuzuwenden, besonders denen, die leer ausgehen. Er ist dort, wo Hungernde auf Brot warten, Fremde auf Asyl, Verzweifelte auf Hoffnung, Schuldige auf Vergebung. Er wird sich nicht mit der eigenen kleinen Welt, mit seinem begrenzten Wohlstandshimmel zufrieden geben. Er wird darauf aus sein, daß allen Gerechtigkeit zuteil wird. Die sich getragen wissen, sind die Hoffnungsträger in unserer Welt. Sie hoffen, lieben und trösten nicht ins Blaue hinein. Sie sind unterwegs zu jenem „neuen Himmel und der neuen Erde, in denen die Gerechtigkeit wohnt" (2 Petr 3,13).

PFINGSTEN

Der Lebensspender

Atmet Gott?

„Atmet Gott?" fragte mich ein achtjähriges Mädchen. Ich war verdutzt. Was sollte ich sagen? Gott ist ganz anders, da kann man nicht von Atmen reden ... Ich besann mich eines Besseren: „Natürlich, Gott atmet! Das ist der Grund, weshalb wir atmen können und aufatmen dürfen." „Nimmst du ihnen den Atem, so schwinden sie hin und kehren zurück zum Staub der Erde. Sendest du deinen Geist aus, so werden sie alle erschaffen, und du erneuerst das Antlitz der Erde" (Ps 104,29 f). Der Geist Gottes ist es, der lebendig macht.

Im Credo bekennen wir unseren Glauben an den Heiligen Geist, „der Herr ist und lebendig macht" (Dominum et vivificantem, den Herrn und Lebensspender). Das ist das Charakteristikum des Heiligen Geistes. Auf den ersten Seiten der Bibel heißt es: „Gottes Geist schwebte (brütete) über dem Wasser" (Gen 1,2). „Da formte Gott, der Herr, den Menschen aus Erde vom Ackerboden und blies in seine Nase den Lebensatem. So wurde der Mensch zu einem lebendigen Wesen" (2,7). Gottes Geist, der Atem des Lebens.

Empfangene

Woher kommt das Leben? Das ist eine Grundfrage des Menschen. Eigenartig: unser Dasein beginnt mit dem Empfangen, nicht mit dem Tun. Das Leben ist uns vorgegeben. Es ist nicht in unsere Entscheidung gestellt. Wir sind nicht Schöpfer unserer selbst, so gern wir es oft auch sein möchten. Wir haben uns nicht selbst gemacht, wir sind empfangen. Die Mutter empfängt das Kind. Das ist wie ein Wunder. Man kann versuchen, dieses Geschehen wissenschaftlich zu begreifen. Und doch erfaßt man damit nur die Außenseite. Die Sache selbst ist unbegreiflich, dieses Wechselspiel von Liebe und Leben, von Leben und Liebe. Das Leben ist nicht aus sich, nicht aus uns. Es kommt zu uns, als Gabe, als Geschenk. Man kann es nicht machen, wir dürfen es empfangen. Alltägliche Erfahrungen können uns das lehren.

Erinnern Sie sich einmal an Zeiten, die für Sie wichtig gewesen sind, von denen Sie sagen: Da habe ich gelebt, nicht irgendwie so dahingelebt, sondern wirklich gelebt. Es sind nicht immer große Ereignisse: ein gutes Wort, ein Blick, ein Händedruck, ein gelungener Abend, das Licht des neuen Tages, der Sonnenaufgang. Erfahrungen, bei denen uns aufgeht: Das habe ich nicht gemacht; das ist im Grunde gar nicht zu machen. Ein Geschenk des Himmels! Oder Sie waren in Sorge um Ihr Leben: ein dummes Geschwür, das Sie ängstigte. Und nun sagt der Arzt: Alles in Ordnung, harmlos. Da empfängt man das Leben neu. – Der Einfall des Künstlers oder Forschers. Der ist nicht zu machen. Das ist wie ein Geschenk.

Das Leben ist unverfügbar. Wie es sich uns gewährt, so entzieht es sich uns im Schmerz, im Abschiednehmen, in der Trennung, im Tod. Man kann es nicht festhalten. Man kann nicht darüber verfügen, es ist unverfügbar. Oft sagen wir: ‚Das Leben ist hart. Du mußt es dir teuer erkaufen. Es wird dir nichts geschenkt.‘ Stimmt das? Was können wir schon erkaufen? Sicher, das Leben ist auch unsere Tat, es ist Werk, Lebenswerk. Es ist Arbeit, Tat, Planung. Aber das ist nicht alles. Den Kern des Lebens erreichen wir damit nicht. Wir erreichen damit die Lebensumstände, die

Lebensverhältnisse, die Lebensmittel. Das Leben selbst ist mehr Gabe als Werk, mehr Geschenk als Tat. Es ist weit mehr zu empfangen als zu machen. Das meinen wir, wenn wir uns dazu bekennen, daß Gottes Geist es ist, der lebendig macht. Ihm verdanken wir uns.

Wo sich die Geister scheiden ...

An diesem Punkt, an dem es um den Ursprung des Lebens geht, scheiden sich heute die Geister. Da zeigt sich, wes Geistes Kind wir sind. Verdanken wir uns dem Geist Gottes?

Es gibt eine ganz andere Einstellung zum Leben. Da heißt es: Leben – das ist unsere Sache. Das machen wir, darüber verfügen wir. Wir sind die Herren des Lebens. Der Mensch produziert sich selbst. Wir sagen das häufig: Der produziert sich selbst. Das ist zum Lachen – wenn's nicht zum Weinen wäre. Eine unheimliche Sache, sich selbst schaffen, sich selbst machen zu wollen. Was dabei herauskommt, ist Mache.

Das Leben machen: das kann bei der Manipulation im Reagenzglas beginnen und bei der Manipulation des Todes enden. Die ganze Schöpfung hat schließlich unter dem selbstherrlichen Treiben des Menschen zu leiden. Sie wird ausgeplündert nach Strich und Faden. Sie wird Material zu unserer Lebenssteigerung.

Spüren Sie, daß das eine grundsätzlich andere Lebenseinstellung ist. Da scheiden sich die Geister. Der Heilige Geist als Lebensspender: das heißt, das Leben steht nicht zu unserer Disposition. Nicht wir sind Herren über Leben und Tod, Gottes Geist ist es, der lebendig macht. Das Leben ist weniger Tat als vielmehr Gabe, weniger unser Werk als vielmehr Geschenk. Wenn wir uns ausleben wollen, dann ist es bald aus mit dem Leben. Es kommt darauf an, das Leben zu hüten, zu bewahren, zu erhalten. Das ist alles andere als konservativ und reaktionär. Das ist progressiv, das dient der Zukunft von Mensch und Schöpfung.

Wes Geistes Kind

Es stimmt von Grund auf etwas nicht, wenn der Mensch nicht mehr weiß, wo sein Ursprung ist und wem er sich verdankt, wenn er mit dem Grund des Lebens nicht mehr zusammenstimmt. Dann versteht er auf einmal die Welt nicht mehr. Und er versteht schließlich sich selbst nicht mehr, weil er mit Gott nicht mehr im Einklang ist. Er sollte sich nicht wundern, wenn es dann schließlich hinten und vorn nicht mehr stimmt, weder am Anfang noch am Ende noch überhaupt, weder mit der Welt noch mit ihm selbst. Hier zeigt sich, wes Geistes Kind wir sind. Wir bekennen uns zu Gottes Heiligem Geist, der Herr ist und lebendig macht.

Das Angesicht der Erde erneuern

„Herr, wie zahlreich sind deine Werke! Mit Weisheit hast du sie alle gemacht, die Erde ist voll von deinen Geschöpfen. Sie alle warten auf dich, daß du ihnen Speise gibst zur rechten Zeit. Gibst du ihnen, dann sammeln sie ein; öffnest du deine Hand, werden sie satt an Gutem. Verbirgst du dein Gesicht, sind sie verstört; nimmst du ihnen den Atem, so schwinden sie hin und kehren zurück zum Staub der Erde. Sendest du deinen Geist aus, so werden sie alle erschaffen, und du erneuerst das Antlitz der Erde" (Ps 104,24. 27–30).

„Sende aus deinen Geist, und das Antlitz der Erde wird neu." Der kurze Liedruf ist uns noch im Ohr, und wir sollten ihn ganz tief in uns hineinlassen. Er faßt die Bitte um den Heiligen Geist zusammen, die vielen von uns von Jugend auf vertraut ist: „Sende aus deinen Geist, und alles wird neu geschaffen, und du wirst das Angesicht der Erde erneuern."

Erde mit Gesicht

Dieses Gebet ist über 2500 Jahre alt, und doch ist es überraschend neu: „Das Angesicht der Erde erneuern." Haben Sie das schon einmal bedacht?: Die Erde hat ein Gesicht. Daß der Mensch ein Gesicht hat, das wissen wir, das zeichnet ihn aus. Wir können uns ins Gesicht schauen und uns anreden. Aber die Erde, die Geschöpfe – wie kann man da vom Gesicht sprechen? Seltsam genug: Ein kleines Kind redet alle Dinge mit „Du" an, ganz spontan,

136

intuitiv. Wir lachen darüber, denken: Das ist naiv, unaufgeklärt. Und wir reden es ihm bald aus. Schade, denn darin steckt Wahrheit. Die Dinge, die Geschöpfe sind Ausdruck eines Du, haben ein Gesicht.

Sie sind nicht einfach ein Ding, Materie, Material. Selbst in dem Wort Materie steckt ja noch die Nähe zu „mater", zur „Mutter" Erde. Sie hat ein Gesicht, sie schaut uns an. Und durch sie schaut Gott uns an und kommt auf uns zu. Die Erde ist endlicher Ausdruck des unendlichen Gottes, Gleichnis des Schöpfers. Gottes Geist wohnt in der Welt wie die Seele im Leib. Die Welt ist nicht geistlos, und Gottes Geist ist nicht weltlos oder gar weltflüchtig. „Der Geist des Herrn erfüllt das All …"

Geisterfüllte Schöpfung

Damit wird das All nicht vergöttlicht. Es ist Welt, Erde, nicht Gott, wie der Pantheismus meint und wie es manche Strömungen im New Age nahelegen. Das All ist nicht Gott, sondern Welt, aber Gottes Geist inspiriert das All. Davon lebt es. Die Geschöpfe verdanken sich Gottes Geist.

„Sendest du deinen Geist aus, so werden sie alle erschaffen, und du erneuerst das Antlitz der Erde" (30). Der Geist Gottes ist nicht nur den Menschen vorbehalten und schließlich gar nur für den Kopf oder für die Innerlichkeit reserviert. Wie er unseren Leib belebt, so auch die Mitgeschöpfe. Sie sind nicht irgendein Ding, geist- und gottverlassen, sondern von Gottes Geist beseelt. Der Geist Gottes gibt der Erde und den Kreaturen ihr Gesicht.

Der Durchblick

Zu einem Rabbi kommt ein Schüler und fragt ihn, was Glauben sei. Der Rabbi führt ihn zum Fenster und fragt ihn: „Was siehst du?" Der Schüler antwortet: „Menschen, Häuser, Bäume ..." – Der Rabbi führt ihn zu einem Spiegel und fragt ihn: „Was siehst du jetzt?" Der Schüler antwortet: „Jetzt sehe ich mich selbst." „Siehst du", sagt der Rabbi, „wenn du dein Leben läßt, wie es ist, so schaust du hindurch wie durch ein Fenster auf die ganze Welt, bis zu ihrem Schöpfer. Ist dir aber das Glas nicht genug und legst du nur ein bißchen Silber auf, so siehst du nur noch dich selbst."

Glauben heißt, das Gesicht der Erde wahrnehmen und durchschauen bis zum Gesicht des Schöpfers, das in den Geschöpfen aufleuchtet und offenbar wird. Um diesen Durchblick geht's. Gott hat sein Geheimnis „in die Bäume geschrieben, nicht allein in die Bücher", sagt Martin Luther. – Gibt das nicht zu denken: In dem Augenblick, da wir meinen, unsere Bäume würden in den Himmel wachsen, beginnen sie zu sterben. Sie sterben, weil wir ihr Geheimnis nicht mehr wahrnehmen.

Legt man nur ein bißchen Silber unter das Glas, dann blickt man nicht mehr durch und sieht nur noch sich selbst. Dann sieht alles auf einmal ganz anders aus. Der Mensch denkt, er habe den Geist für sich gepachtet, er nimmt ihn in den Mitgeschöpfen gar nicht mehr wahr. Er geht geistlos damit um, plündert sie aus nach Strich und Faden und mißhandelt sie. Er vergreift sich an ihnen und macht sie zum Material seiner Manipulationskünste und Konsumgelüste.

Es ist ein verheißungsvolles Zeichen der Zeit, daß viele – gerade junge Leute – heute ein Gespür dafür bekommen, daß es so nicht weitergeht. Wichtig nur, daß wir nicht

beim Schwefeldioxyd und beim Bleigehalt in der Luft stehenbleiben. Die Umweltkrise ist eine Krise des Menschen:
Er blickt nicht mehr durch bis zum Gesicht der Erde,
durch das Gott uns anschaut. Durch Attacken gegen den
praktischen Materialismus und Konsumismus allein werden wir die Situation nicht durchgreifend ändern, sondern
nur dadurch, daß wir richtig sehen lernen, neu den
Durchblick gewinnen.

Christen dürfen sich von niemandem darin übertreffen
lassen, der Erde treu zu bleiben. Wenn Gott die Welt
durch seinen Geist beseelt, dann dürfen wir sie nicht zum
Teufel gehen lassen. Wir werden neu auf den Geist Gottes
achten lernen, der das Angesicht der Erde erneuert.

Zwischen Babylon und Pfingsten

„Alle Menschen hatten die gleiche Sprache und gebrauchten die gleichen Worte. Als sie von Osten aufbrachen, fanden sie eine Ebene im Land Schinar und siedelten sich dort an. Sie sagten zueinander: Auf, formen wir Lehmziegel, und brennen wir sie zu Backsteinen. So dienten ihnen gebrannte Ziegel als Steine und Erdpech als Mörtel. Dann sagten sie: Auf, bauen wir uns eine Stadt und einen Turm mit einer Spitze bis zum Himmel, und machen wir uns damit einen Namen, dann werden wir uns nicht über die ganze Erde zerstreuen. Da stieg der Herr herab, um sich Stadt und Turm anzusehen, die die Menschenkinder bauten. Er sprach: Seht nur, ein Volk sind sie, und eine Sprache haben sie. Und das ist erst der Anfang ihres Tuns. Jetzt wird ihnen nichts mehr unerreichbar sein, was sie sich auch vornehmen. Auf, steigen wir hinab, und verwirren wir dort ihre Sprache, so daß keiner mehr die Sprache des anderen versteht. Der Herr zerstreute sie von dort aus über die ganze Erde, und sie hörten auf, an der Stadt zu bauen. Darum nannte man die Stadt Babel (Wirrsal), denn dort hat der Herr die Sprache aller Welt verwirrt, und von dort aus hat er die Menschen über die ganze Erde zerstreut“ (Gen 11,1–9).

Nach den Sternen greifen

Das kann passieren: Menschen wollen den Himmel stürmen, und sie fallen schließlich aus allen Wolken. Sie starten zum Höhenflug und zerschellen am Boden – wie Ikarus.

140

Diese Erfahrung ist so alt wie die Menschheit. Auf den ersten Seiten der Bibel findet sich die erregende Geschichte vom Turmbau zu Babel. Die Menschen tun sich zusammen zu einem Riesenunternehmen. Sie wollen einen Turm bauen: immer größer, immer höher hinaus; koste es, was es wolle.

Was sie zu diesem Turmbau treibt, das sprechen sie offen aus: „Auf, bauen wir uns eine Stadt und einen Turm mit einer Spitze bis zum Himmel, und machen wir uns damit einen Namen, dann werden wir uns nicht über die ganze Erde zerstreuen" (4). – Einen Namen wollen sie sich machen, sich in Stein verewigen. Diesem Ziel muß alles dienen. Was sie haben, wird Material zur eigenen Selbstdarstellung. Und schließlich lassen sie sich aus in ihrer Lieblingsbeschäftigung: sie fahren Karussell um das Denkmal, das sie sich selbst errichtet haben. Sie drehen sich um sich selbst im Kreis und denken, so könnten sie der Zerstreuung und dem Verfall entgehen.

Raubbau am Leben

Die Leute von Babylon wollen sich einen Namen machen. Sie wollen sich selbst produzieren. Das ist eine unheimliche Sache: sich selbst schaffen, sich selbst machen zu wollen. Eine Gesellschaft der Macher! Was dabei herauskommt, ist Mache. Weil die Macher Angst haben unterzugehen und niemand zu sein, müssen sie alles dransetzen, um durch immer größere Leistungen doch noch jemand zu werden. Sie versuchen, den Zweifel an sich selbst durch eigene Leistungen wettzumachen. Dabei geraten sie in fürchterliche Zugzwänge. Absolut ungesichert, verlangen sie von sich selbst das Absolute. Sie müssen sich selbst beweisen, daß sie wer sind. Der Wille zur Macht treibt sie immer höher hinaus.

Schließlich platzt das Unternehmen. Die nach den Sternen greifen und sich wie die Herrgötter gebärden, fallen aus allen Wolken. Was dem eigenmächtigen Turmbau zu Ehren des eigenen Namens dienen soll, steht unter dem Fluch der „babylonischen Verwirrung". Ein trauriger Name, den sich die „Macher" für alle Zeiten geschaffen haben. Der Name steht für eine Realität: Man redet aneinander vorbei, „so daß keiner mehr die Sprache des anderen versteht" (7).

Am Anfang steht die eigenmächtige Selbstdarstellung, und am Ende steht die Selbstauflösung. Der Versuch, sich selbst zu machen, verkennt die eigene Realität, ist Raubbau am Leben und endet im Tod.

Die Alternative

Muß das so weitergehen? Gibt es keine Alternative zur Geschichte Babylons? Pfingsten ist der Anfang eines neuen Weges. Verschlossene Fenster und Türen werden aufgestoßen. Menschen strömen zusammen. Sie greifen nicht von der Erde weg nach den Sternen, sie stehen mit beiden Beinen auf dem Boden und empfangen, was nicht zu machen ist: das „Geschenk des Himmels", Gottes Heiligen Geist.

Da gerät etwas in Bewegung. Die Begeisterten beginnen zu reden, und – wie ein Wunder – sie verstehen sich untereinander und werden verstanden. Sie fangen Feuer und brennen darauf, die Welt zum Besseren zu verändern. Sie finden sich nicht ab mit dem, was ist. Sie sagen nicht: „Die Welt ist nicht mehr zu retten, drum rette sich, wer kann …" Sie sagen: „Es gibt ganz ungeahnte Möglichkeiten, nicht zuletzt die Möglichkeiten Gottes mit uns. Worauf Gott seine Hoffnung setzt, das wagen wir." Menschen mit einer Leidenschaft für das Mögliche! Menschen, deren

Erwartungen nicht mit den selbstgemachten Türmen stehen und fallen, die mehr erwarten als sich selbst, die
tatsächlich etwas von Gott erwarten.

Zwischen Babylon und Pfingsten. Jeder von uns hat
seine Erfahrung mit diesem Weg. In welche Richtung
gehen wir? Gott hat die Initiative ergriffen, Pfingsten ist
seine Initiative. Wir sind gerufen, im Vertrauen auf die
Kraft des Geistes Gottes das Mögliche zu wagen.

„Ich selbst bringe Geist in euch"

„Die Hand des Herrn legte sich auf mich, und der Herr brachte mich im Geist hinaus und versetzte mich mitten in die Ebene, die voll von Gebeinen war. Er führte mich ringsum an ihnen vorüber, und ich sah sehr viele über die Ebene verstreut liegen; sie waren ganz ausgetrocknet. Er fragte mich: Meinst du, Mensch, daß diese Gebeine wieder lebendig werden? Ich antwortete: Herr und Gott, das weißt nur du. Da sagte er zu mir: Sprich als Prophet über diese Gebeine und sag zu ihnen: Ihr trockenen Gebeine, hört das Wort des Herrn! So spricht Gott, der Herr, zu diesen Gebeinen: Ich selbst hauche euch Atem ein, damit ihr lebendig werdet. Ich spanne Sehnen über euch und umgebe euch mit Fleisch; ich überziehe euch mit Haut und hauche euch Atem ein, damit ihr lebendig werdet. Dann werdet ihr erkennen, daß ich der Herr bin. Da sprach ich als Prophet, wie mir befohlen war; und noch während ich redete, hörte ich auf einmal ein Geräusch: Die Gebeine rückten zusammen, Bein an Bein. Und als ich hinsah, waren plötzlich Sehnen auf ihnen, und Fleisch umgab sie, und Haut überzog sie. Aber es war noch kein Atem in ihnen. Da sagte er zu mir: Rede als Prophet zum Geist, rede, Mensch, sag zum Geist: So spricht Gott der Herr: Geist, komm herbei von den vier Winden! Hauch diese Toten an, damit sie lebendig werden. Da sprach ich als Prophet, wie er mir befohlen hatte, und es kam Atem in sie. Sie wurden lebendig und standen auf – ein großes, gewaltiges Heer.

Er sagte zu mir: Mensch, diese Gebeine sind das ganze Haus Israel. Jetzt sagt Israel: Ausgetrocknet sind unsere Gebeine, unsere Hoffnung ist untergegangen, wir sind verloren. Deshalb tritt als Prophet auf und sag zu ihnen: So spricht Gott, der Herr: Ich öffne eure Gräber und hole euch, mein Volk, aus euren Gräbern herauf. Ich bringe euch zurück in das Land Israel. Wenn ich eure Gräber öffne und euch, mein Volk, aus euren Gräbern heraufhole, dann werdet ihr erkennen, daß ich der Herr bin. Ich hauche euch meinen Geist ein, damit ihr lebendig werdet, und bringe euch wieder in euer Land. Dann werdet ihr erkennen, daß ich der Herr bin. Ich habe gesprochen, und ich führe es aus – Wort des Herrn" (Ez 37,1–14).

Das ist eine Horrorvision, wie Bilder aus Konzentrationslagern: Totengebein über Totengebein, eine einzige Domäne des Todes. Der Prophet wird in eine weite Ebene hinausgeführt. Ausgetrocknete Knochen liegen da umher, ein Gerippe neben dem anderen. So weit das Auge reicht, ist alles hoffnungslos tot. Da kann einem angst und bange werden. Was soll das Ganze?

Mehr tot als lebendig

Es verschlägt einem den Atem, wenn man liest: „Diese Gebeine sind das ganze Haus Israel" (11). Mit anderen Worten: Hier geht es um das Gottesvolk. Es ist nach Babylon verbannt, fern der Heimat. Es ist von den Wurzeln seines Lebens abgeschnitten und siecht dahin. Wer keine Hoffnung mehr hat, ist eh schon tot. ‚Mit uns ist es aus', sagen die Leute, ‚wir sind am Ende. Das ist doch kein Leben.' „Ausgetrocknet sind unsere Gebeine, unsere Hoffnung ist untergegangen, wir sind verloren" (11).

Geht's uns in der Kirche heute anders? Reden wir nicht ähnlich? Oft tun wir so, als seien es nur die Kritiker in den Medien, die der Kirche den Tod ansagen und sie auszählen möchten. Das alles ist vergleichsweise harmlos zu dem, was Gott dem Propheten sagt: ‚Die Gebeine sind das Gottesvolk.' Sagen wir es deutlich: So sieht's mit der Kirche aus. Alt sieht sie aus, ausgetrocknet und starr, müde

145

und resigniert, mehr tot als lebendig. Hoffnung soll sie wecken und ist selber hoffnungslos mit sich selbst beschäftigt. Sauerteig soll sie sein, statt dessen werden die Leute sauer. Sie paßt in das allgemeine Bild: politikverdrossen, kirchenverdrossen, gottverdrossen, und am Ende menschenverdrossen.

Strategien?

Können wir uns eingestehen, daß wir in der Kirche an einen toten Punkt gekommen sind? Wie soll es weitergehen? Oft werde ich gefragt: Welche Strategie haben Sie denn, um dem schleichenden Zerfall zu begegnen? Dazu ist manches zu sagen, die Frage ist nicht vom Tisch zu fegen. Es gibt Strukturfragen, die längst fällig sind oder gar überfällig. Und doch werden wir mit neuen Strategien und Strukturen, so wichtig sie sind, allein nicht weiterkommen. Wer nur oder vor allem darauf setzt, vermehrt schließlich nur das umherliegende Gerippe. Die Krise läßt sich nicht einfach managen. Was soll ich Eltern sagen, wenn sie schmerzlich feststellen, daß der Glaube nicht überkommt zu ihren Kindern? Liegt's an der falschen Strategie? Muß es Schuld sein, daß etwas in die Brüche geht und wir mit unseren besten Absichten scheitern? Die Fixierung auf die Schuldfrage und das Jagen der Sündenböcke verhindern nur zu oft, daß wir uns dem Ruf Gottes in den Umbrüchen des Lebens und unserer Zeit stellen. Gelebte Hoffnung ist nicht fix und fertig, sie reift in Niederlagen und im Durchleiden des eigenen und der Kirche Schatten. Das Material der Wandlung besteht ja nicht nur und wohl auch nicht zuerst aus unseren Glanzseiten, sondern auch aus unseren zugegebenen und angenommenen Aporien, aus den Bruchstücken unseres Lebens, aus den verbleichenden Knochen (vgl. 1f).

„Das weißt nur du"

Mitten auf dem Totenfeld hört der Prophet Gottes Stimme: „Menschensohn, können diese Gebeine wieder lebendig werden?" (3). Das ist die große Frage. Was soll ein armes Menschenkind schon darauf antworten? Gegen den Tod ist kein Kraut gewachsen, tot ist tot. Wir haben weder die Macht, uns vor dem Grab zu retten, noch die Fähigkeit, dieses Grab zu sprengen. Die eigenen Möglichkeiten sichern uns das Leben nicht. Das gilt auch für die Kirche, was immer wir da auf die Beine stellen.

Und die Antwort auf die Frage Gottes? Kein lautstarkes Ja im Brustton der Überzeugung. Der Prophet gibt die Frage an Gott zurück: „Herr und Gott, das weißt nur du" (3). In diesem verhaltenen Bekenntnis liegt beides: Der Prophet sieht klar seine eigenen menschlichen Grenzen, und er traut Gottes ungeahnten Möglichkeiten. Das heißt glauben.

Nicht zu fassen

Wo wir diesen Glauben wagen, da regt sich etwas. Da finden die zerstreuten Bruchstücke wieder zusammen, da gewinnen sie Fleisch und Blut, Hand und Fuß (vgl. 7). Und der Geist? Das ist allein Gottes Sache, wie am Schöpfungsmorgen: „So spricht Gott, der Herr, zu diesen Gebeinen: Ich selbst bringe Geist in euch, dann werdet ihr lebendig" (5; vgl. Gen 2,7). Aber Gott nimmt uns dabei in Dienst wie den Propheten, er braucht Menschensöhne und Menschentöchter, die sein Wort weitersagen: „Da sprach ich als Prophet, wie er mir befohlen hatte, und es kam Geist in sie. Sie wurden lebendig und standen auf" (10). Der Prophet spricht, doch ist und bleibt es Gottes

Geist, der Leben schafft. Er führt vom Tod zum Leben. Über das Prophetenwort hinaus ist uns das verbürgt durch Jesus Christus, durch seine Auferstehung. Der Geist, der ihn beseelt, schafft Leben. Ihn haben und bekommen wir nicht in den Griff. Wo wir das vorgeben, greifen wir sicher daneben. Er ist im wahrsten Sinne des Wortes nicht zu fassen. Er ist kein Produkt der Kirche. Sie kann sich nicht selbst wieder beleben. Sie lebt vom Geist Gottes, sie ist eine Frucht des Geistes. Sie kann ihn nicht machen, aber sie kann ihn empfangen und den Geist überspringen lassen.

Das tut er auch heute. Er regt sich, wenn wir nur aufmerksam auf ihn achten. „Wer Ohren hat, der höre, was der Geist den Gemeinden sagt" (Offb 2,29). An uns ist es, ihn aufzuspüren in den Gemeinden und in uns selbst. Wenn wir ihn auch niemals im Griff haben (dürfen!), so ist er uns doch oft genug zum Greifen nahe – Gott sei Dank. Viele Frauen und Männer vor Ort haben den Mut, sich der schwierigen Kirchensituation ehrlich zu stellen, ohne Beschönigung und ohne Verzweiflung. Kritische Frauen geben trotz enttäuschender Erfahrungen nicht auf, ihren Platz in der Kirche einzuklagen, um der Zukunft der Kirche willen. Viele Männer und vor allem Frauen lassen sich nicht darin beirren, als Katecheten und Katechetinnen ihren Glauben mit jungen Leuten zu teilen. Christen in allen Konfessionen drängen trotz aller Widerstände zur Einheit im Glauben. Über die Grenzen der Kirchen hinaus setzen sich Menschen ein für Gerechtigkeit, Frieden und Bewahrung der Schöpfung, mit einschneidenden Konsequenzen in ihrem persönlichen Lebensstil. Muß ich weiter ausführen, wo neues Leben sich regt? Jeder mag selbst entdecken, wo Glaube, Hoffnung und Liebe um ihn herum und in ihm am Werke sind.

Weltweiter Horizont

„Als der Pfingsttag gekommen war, befanden sich alle am gleichen Ort. Da kam plötzlich vom Himmel her ein Brausen, wie wenn ein heftiger Sturm daherfährt, und erfüllte das ganze Haus, in dem sie waren. Und es erschienen ihnen Zungen wie von Feuer, die sich verteilten; auf jeden von ihnen ließ sich eine nieder. Alle wurden mit dem Heiligen Geist erfüllt und begannen, in fremden Sprachen zu reden, wie es der Geist ihnen eingab. In Jerusalem aber wohnten Juden, fromme Männer aus allen Völkern unter dem Himmel. Als sich das Getöse erhob, strömte die Menge zusammen und war ganz bestürzt; denn jeder hörte sie in seiner Sprache reden. Sie gerieten außer sich vor Staunen und sagten: Sind das nicht alles Galiläer, die hier reden? Wieso kann sie jeder von uns in seiner Muttersprache hören: Parther, Meder und Elamiter, Bewohner von Mesopotamien, Judäa und Kappadozien, von Pontus und der Provinz Asien, von Phrygien und Pamphylien, von Ägypten und dem Gebiet Libyens nach Zyrene hin, auch die Römer, die sich hier aufhalten, Juden und Proselyten, Kreter und Araber, wir hören sie in unseren Sprachen Gottes große Taten verkünden“ (Apg 2,1–11).

Mancher Lektor, manche Lektorin tut sich schwer mit der Pfingsterzählung. Sie haben alle Mühe, die vielen Ländernamen richtig auf die Reihe zu bekommen. Und Pfarrer sagen dann oft: ‚Ach, lassen Sie die Namen doch einfach weg, die kennt ja doch niemand …‘ Das ist leicht gesagt. Damit wäre ein ganz zentraler Inhalt von Pfingsten gestrichen. Die Kirche, wir alle tun uns nicht so leicht damit, ihn zu buchstabieren. Aber nur so lernen wir verstehen, was Kirche ist.

„Katholisch"

Die Pfingstlesung zeigt uns die Kirche in ihrer Geburts-
stunde: Vom ersten Augenblick ihres Daseins spricht sie
in allen Sprachen und ist doch eins in demselben Geist.
Sie ist nicht universal geworden, indem sie sich im Laufe
der Zeit von Stadt zu Stadt, von Land zu Land ausgebreitet
hat. Sie ist es kraft des Heiligen Geistes vom Ursprung
her. Sie ist „katholisch", oder sie ist nicht sie selbst.

Darum bringt Lukas die vielen Ländernamen (zwölf
zunächst aus seiner damaligen Welt) zum Zeichen der
Universalität, von Ost nach West, von Nord nach Süd.
Und dann geht er über diese Koordinaten hinaus bis nach
Rom und zu den Inseln (Kreta). Kein Land soll vergessen
sein. Der Geist erfaßt alle Völker. Er eröffnet der Kirche
einen weltweiten Horizont. Er führt sie über die politischen und kulturellen Grenzen hinaus. Und er wirkt in
der Vielfalt der Sprachen die Einheit im Verstehen. Das ist
wie ein Wunder.

Gegen Gleichmacherei

Wir kennen das Gegenbild. Auf den ersten Seiten der Bibel ist es dargestellt: Babel! Das Programm Babels ist eben-
falls Vereinigung: Eine Sprache, gemeinsam will man sich
ins Werk setzen und die monumentale Einheit schaffen.
Aber diese selbst produzierte, technische Einheitskultur
führt nicht zusammen, sondern auseinander. Gleichmacherei verbindet nicht, sondern trennt. Die Leute von Babel reden in einer Sprache (unisono) nur noch von ihren
eigenen Großtaten und verstehen sich nicht mehr. Die
Leute von Pfingsten hören in ihren verschiedenen Sprachen gemeinsam die Großtaten Gottes.

Vielfalt in Einheit

Einheit des Geistes in der Vielfalt der Sprachen, das ist Pfingsten, pfingstliche Kirche. Gleichschaltung, Gleichmacherei, Uniformität, das ist Babel. Wir sind nicht davor bewahrt, ins babylonische Muster zurückzufallen. Uniformität bedeutet Unterwerfung des ganzen unter eine bestimmte, menschliche Gestalt. Die Originalität einer einzelnen Kultur oder eines Stammes wird unterdrückt. Solche Uniformität verbindet nicht, sondern trennt.

Die Kirche darf sich nicht auf einen Staat oder eine bestimmte Kultur festlegen, auch nicht auf Europa. Sie darf nicht nach den Erfahrungen und Vorstellungen, dem Kirchenmodell eines Landes ausgerichtet werden. Nationalkirchen sind nicht katholisch.

Die Kirche erfüllt ihre einende Sendung nur, wenn sie allen Völkern geöffnet bleibt. Wir haben nicht eine Kirche in der sogenannten Dritten Welt (als hätten wir dort Kolonien oder einen Ableger), wir sind Weltkirche. Europa ist nicht der Nabel der Welt. Wenn es schon einen Nabel der Kirche gibt, dann Jerusalem, wie die Pfingsterzählung zeigt.

Weltkirchesein erfordert Mut zur Vielfalt in der Einheit. Wenn die Kirche in allen Völkern lebt und alle Sprachen spricht, wird sie von selbst farbig, bunt. Das muß sie sein und bleiben, um ihrer selbst willen. Es kann und darf in ihr keine Ausländer geben.

Einheit und Vielfalt, das ist die große Herausforderung unserer Weltenstunde im Zusammenleben der Völker. Einheit und Vielfalt sind keine Alternativen, sie gehören zusammen, wie in einer Familie jeder anders ist und doch alle miteinander verbunden sind. Die Kirche soll Zeichen der Einheit unter den Völkern sein, so hat es das II. Vatikanische Konzil gesagt. Das kann sie nur, wenn sie selbst weiträumig genug ist, wenn sie katholisch ist und bleibt.

Ausländer?

„Als der Pfingsttag gekommen war, befanden sich alle am glei-chen Ort ..." (Apg 2,1–11; vgl. S. 149).

Das ist fast zu schön, um wahr zu sein: Menschen „aus allen Völkern unter dem Himmel" strömen zusammen; und man versteht sich. Ein wunderbares Pfingstbild. Aber wir haben ganz andere Bilder vor Augen, aus Ruanda, aus Bosnien und schließlich aus unseren Städten: Menschen aus unterschiedlichen Völkern und Kulturen verstehen sich nicht, gehen aufeinander los, bringen sich um. Der Stärkere jagt den Schwächeren, der Einheimische den Fremden. Das ist die blutige Wahrheit. Zum Weinen!

Viele denken: Aus der Traum von einer multikulturel-len Gesellschaft. Die Verhältnisse sind nicht so, und die Menschen schon gar nicht. Es ist, wie es ist: „Gleich und gleich gesellt sich gern", Fremde stören nur. „Deutschland den Deutschen". Jede Nation für sich, es müssen klare Grenzen gezogen werden. Darum abschotten, abschrek-ken, abschieben. Anders geht's nicht. Wirklich nicht?

Aus Fremden Freunde

In Frankfurt ist jeder vierte ein sogenannter Ausländer, eine Ausländerin. Sind und bleiben sie Fremde? Wie sehen Sie sie?

Die alten Griechen nannten die Fremden Barbaren, die Römer nannten sie Feinde (hostes). Die Christen sagten revolutionär genug: Sie sind unsere Freunde. Aus Fremden

werden Freunde! Das ist urchristlich. – Wie kommen die
ersten Christen dazu? Sie sagten: Die Fremden sind unsere
Freunde, weil sie Freunde Gottes sind. Wie können wir
Freunde Gottes Barbaren nennen oder gar Feinde? Das
haben wir Pfingsten anders erlebt: Der Geist Gottes schert
sich nicht um Grenzen, die wir ziehen. Er spricht in allen
Sprachen. Er ist mir ganz nahe, weil er meine Sprache
spricht. Sie ist ihm wichtig. Ich muß nicht erst Latein oder
irgendeine Fremdsprache lernen, um ihn zu verstehen. Er
spricht zu mir in meiner Muttersprache, ich kann ihn in
meiner Muttersprache ansprechen.

Und Gottes Geist spricht ebenso den anderen in seiner
Muttersprache an. Er ist ihm genauso nahe wie mir. Jede
nationale Arroganz, jede Überheblichkeit gegenüber anderen Kulturen und Sprachen verbietet sich. Gott hat dem
anderen etwas geschenkt, das ich nur durch ihn erfahren
kann. Und er erwartet, daß ich mich für ihn interessiere,
mit ihm mich austausche. Was würde uns alles entgehen,
wenn wir uns einfach abschotteten!

Ins Stammbuch geschrieben

Pfingsten weitet den Horizont auf alle Völker und Sprachen hin. Das ist der Kirche mit in die Wiege gelegt – und
ins Stammbuch geschrieben. Sie ist nicht erst im Laufe der
Zeit universal geworden. Sie ist kraft des Heiligen Geistes
vom Ursprung her in allen Sprachen zu Hause, grenzüber-
schreitend, weltweit. Niemand in ihr ist Ausländer. Das
kommt nicht aus parteipolitischen Optionen, so ist sie
von Geburt an. Nur so ist sie sie selbst, nur so kann sie
sich treu bleiben.

In den verschiedenen Sprachen zu Hause, geeint durch
Gottes Geist! Kirche als Zeichen einer geeinten und ver-
söhnten Vielfalt! Einheit und Vielfalt sind keine Alternati-

ven, sie gehören zusammen, wie in einer Familie jeder anders ist und doch alle miteinander verbunden sind.

Globales Dorf

Einheit in der Vielfalt, das ist die große Herausforderung unserer Weltenstunde. Unsere Erde ist durch die modernen Möglichkeiten der Kommunikation ein globales Dorf geworden. Darin werden wir auf Dauer immer dichter beieinander wohnen, nicht unbedingt alle in einem Haus, aber doch ohne hohe Mauern und Ausgrenzungen und ohne den Wahn eines gewalttätigen Nationalismus, sonst richtet sich das Dorf schließlich selbst zugrunde. Was werden wir Christen beitragen zur Verständigung, zum Zusammenleben im Weltdorf?

Fremde werden Freunde, das ist die Botschaft vom Ursprung her aus des Geistes Gegenwart. Da bleibt noch viel zu tun und zu wünschen übrig. Denn immer auch sind solche, die sich Christen nennen, in die blutigen Auseinandersetzungen verwickelt, in Nordirland, in Bosnien. Gott sei's geklagt, das ist weit von Pfingsten weg, von allen guten Geistern verlassen. – Ist unser Glaube so stark, daß er Berge von Haß und Nationalismus versetzen kann oder doch mithilft, sie abzutragen? Erweisen wir uns hier zu Hause als Christen, wenn Ausländer gejagt werden, am Stammtisch oder auf der Straße?

In unseren Pfingstgottesdiensten erleben wir vielerorts Kirche aus den verschiedensten Völkern und Nationen, Zeichen einer im Heiligen Geist geeinten Verschiedenheit. Das ist unsere Hoffnung, das ist unsere Vision, davon lassen wir uns trotz bitterer Erfahrungen nicht abbringen. Wir halten daran fest für unsere Städte und Gemeinden, für diese Welt. Denn Gottes Geist treibt uns dazu an, er lockt uns.

Visionen

„Da trat Petrus auf, zusammen mit den Elf; er erhob seine
Stimme und begann zu reden: Ihr Juden und alle Bewohner von
Jerusalem! Dies sollt ihr wissen, achtet auf meine Worte! Diese
Männer sind nicht betrunken, wie ihr meint; es ist ja erst die
dritte Stunde am Morgen; sondern jetzt geschieht, was durch
den Propheten Joel gesagt worden ist:

In den letzten Tagen wird es geschehen, so spricht Gott: Ich
werde von meinem Geist ausgießen über alles Fleisch. Eure
Söhne und eure Töchter werden Propheten sein, eure jungen
Männer werden Visionen habe, und eure Alten werden Träume
haben.

Auch über meine Knechte und Mägde werde ich von meinem
Geist ausgießen in jenen Tagen, und sie werden Propheten sein"
(Apg 2,14–18).

Geistes-Blitze

Es lohnt, sich gelegentlich zu fragen: Was belebt mich
eigentlich? Was inspiriert mich? Wo spüre ich, daß ich
nicht nur funktioniere, sondern lebe? Was begeistert mich,
reißt mich mit? Es gibt doch Erfahrungen, die mich über
mein begrenztes Ich und meinen kleinen Sachverstand
hinausführen.

Sie kennen das: Man sitzt an einer Aufgabe und kommt
nicht weiter. Und auf einmal geschieht's: „Mensch, da
geht mir ein Licht auf!" Das ist eine wichtige Erfahrung,
wie eine Erleuchtung. Etwas leuchtet mir ein. – Das kann
man nicht machen. Das hat man nicht in der Hand, wie

155

wenn man auf den Knopf drückt und das Licht anschaltet. Es leuchtet ein, wie von einer anderen Energiequelle her. „Da geht mir ein Licht auf!"

Wir sagen dann wohl auch: Etwas blitzt auf – eine Idee, ein Bild. Etwas wird uns blitzartig klar, in einer Begegnung, in der Erfahrung der Liebe. Das kann durch Mark und Bein gehen und uns vom Stuhl reißen. Ein Aufschwung zu Größerem, Unbedingtem. Wir wachsen über uns selbst hinaus, geraten außer uns (Ekstase). Das Gespür für die Wirklichkeit weitet sich, neue Horizonte tun sich auf. Sie bringen uns etwas nahe, das größer ist als unser bißchen Leben in seinen oft engen und kleinkarierten Grenzen. Wir ahnen: Es gibt noch ganz andere Möglichkeiten, nicht zuletzt die Möglichkeiten Gottes mit uns.

Oft werden uns solche Erfahrungen geschenkt, wenn das Leben uns hart zusetzt und wir nicht mehr ein noch aus wissen. Wie soll's weitergehen? Wir sehen schwarz. Und plötzlich geht uns ein Licht auf. Eine Begegnung, ein Wort, eine Melodie – wie ein Komet, der ganz überraschend mitten in der Nacht auftaucht und eine Lichtschneise reißt in der Dunkelheit.

Neue Horizonte

Ahnen Sie, was Pfingsten heißt: Die trostlose Zeit ohne den Geist hat ein Ende, die lähmende Geistlosigkeit ist vorbei. Grenzen werden überwunden, neue Lebenshorizonte aufgerissen, Menschen aus allen Völkern und Nationen finden zueinander in der einen, internationalen Christen-Bewegung. Der Heilige Geist führt sie zusammen. Und Petrus, also der erste Papst, hält die erste Pfingstpredigt. Kaum zu glauben, was er da sagt im Anschluß an den Propheten Joel:

„So spricht Gott: Ich werde von meinem Geist ausgießen über alles Fleisch. Eure Söhne und eure Töchter werden Propheten sein, eure jungen Männer werden Visionen haben, und eure Alten werden Träume haben. Auch über meine Knechte und Mägde werde ich von meinem Geist ausgießen in jenen Tagen, und sie werden Propheten sein."

Mit anderen Worten: Frauen und Männer, Junge und Alte, Freie und Unfreie werden gleichermaßen von der verändernden Kraft des Geistes erfaßt und wachsen über sich selbst hinaus zu einer neuen Gemeinschaft zusammen. Heiliger Geist, das heißt nicht uniformistische Gleichschaltung. Die Menschen sind unterschiedlich und sollen es sein, jeder ist anders. Und doch: So verschieden sie sind, sie verstehen sich. Blitzartig wird klar, worum es Gott geht: um sein geschwisterliches Volk in der Einen Welt. Traumhaft, nicht wahr? Daß es so etwas gibt in allem Unverständnis! Spürt man bei uns etwas davon? Was wissen die Jungen von den Träumen der Alten, was wissen die Alten von den Träumen der Jungen? Kennen die Männer die Visionen der Frauen und die Frauen die Visionen der Männer? Tauschen wir uns darüber aus? Oder reden wir aneinander vorbei?

Träume, Visionen – ist Petrus denn von allen guten Geistern verlassen? Träume sind Schäume, sagen wir. Mehr nicht? Träume können Inspirationen des Geistes Gottes in unserer Seele sein. Und Visionen sind nicht eine Art Fernsehen in die Zukunft. Sie sind wie der Durchblick in einer schwierigen Situation, wie eine Voraus-Schau im Blick auf den nächsten Schritt, weitsichtig.

Inspirationen

Manchmal, in einer ruhigen Stunde, frage ich mich: „Was erwartest du eigentlich?" Ich merke, wie meine kleine

Welt an den eigenen vier Wänden endet, und ich damit zufrieden bin, wenn es dort so läuft, wie es halt läuft. Ich frage mich: „Ist das alles?" Das kann doch nicht alles sein! Ich sehe die Bibel vor mir liegen, ein Buch voller Hoffnungen, voller Bilder, Träume und Visionen:

- von der Mahlgemeinschaft aller Völker,
- vom Umschmieden der Schwerter zu Pflugscharen,
- von Gott, der wie ein Vater oder eine Mutter die Tränen aus unserem Gesicht wischt,
- vom Lachen der Söhne und Töchter Gottes.

Das sagt und besingt unsere Tradition in vielen Bildern und Visionen. Die können wir nicht ersetzen, schon gar nicht durch unsere geheimnislose Computersprache. Wir können sie nur schützen und mithelfen, daß sie unter uns lebendig bleiben. Was geschieht, wenn Jugendliche den barmherzigen Samariter nicht mehr kennen, geschweige denn die Vision des neuen Himmels und der neuen Erde, in denen Gerechtigkeit wohnt für alle? Das sind ja nicht nur irgendwelche Kulturwerte, die wir schließlich getrost ins Museum stellen können. Darin haben sich Sehnsucht und Erwartung von Generationen gesammelt. Davon lebt unsere Geschichte.

Die christliche Vision vom Leben ist alles andere als selbstverständlich. Sie ist uns nicht angeboren, sie gehört nicht einfach zu unserer Natur. Sie will erlernt und gelebt sein:

Es ist nicht selbstverständlich, daß die Schwarzen nicht Beute der Weißen werden (man schaue nur in die Geschichte des Rassismus).

Es ist nicht selbstverständlich, daß die Armen und Schwachen nicht Beute der Reichen werden.

Es ist nicht selbstverständlich, daß Fremde zu Freunden werden.

Es ist nicht selbstverständlich, daß Frauen und Männer,

Junge und Alte mit gleichen Rechten geschwisterlich zusammenleben.

Haben wir noch Visionen? Gibt es in unserem Land gemeinsame Visionen? Gibt es noch die gemeinsame Sorge um eine gemeinsame Zukunft, und zwar nicht nur für unser Land, sondern über Europa hinaus für die Eine Welt? Oder erschöpft sich das Interesse faktisch im eigenen Schrebergarten? Werden wir in der gegenwärtigen Situation die Kraft haben zur Re-Vision. Es gibt ja bekanntlich auch Trugbilder, etwa das vom goldenen Kalb. Das hat viele Namen. Für nicht wenige ist das heute der Status quo, der Besitzstand. Wenn sich alles darum dreht, ihn zu erhalten, dann gibt es im Grunde nichts mehr zu erwarten.

Träume nähren

Wie nähren wir unsere Träume und Visionen? Indem wir offen sind für sie. Es ist ein Riesenunterschied, ob ich sage: Was soll's? Spinnerei! Oder: Warum eigentlich nicht? Daraus spricht eine heilsame Neugier. Wir müssen die Träume zulassen, damit sie in uns heimisch werden, uns inspirieren und auf den Weg bringen. „Wo kämen wir hin, wenn alle sagten, wo kämen wir hin, und keiner ginge, um zu sehen, wohin wir kämen, wenn wir gingen?" (K. Marti).

Wo kämen wir hin, wenn wir die Traum-Geschichten der Bibel nicht hätten, ihre visionäre Perspektive auf die Zukunft. Ohne sie wären wir nicht hier. Sich ihrer zu erinnern ist ein stets neu zu feierndes Fest, das uns mit Jesus verbindet und untereinander. „Tut dies zu meinem Gedächtnis." So nähren wir unsere Visionen und Träume.

Geist der Liebe

„Gerecht gemacht aus Glauben, haben wir Frieden mit Gott durch Jesus Christus, unseren Herrn. Durch ihn haben wir auch den Zugang zu der Gnade erhalten, in der wir stehen, und rühmen uns unserer Hoffnung auf die Herrlichkeit Gottes. Mehr noch, wir rühmen uns ebenso unserer Bedrängnis; denn wir wissen: Bedrängnis bewirkt Geduld, Geduld aber Bewährung, Bewährung Hoffnung. Die Hoffnung aber läßt nicht zugrunde gehen; denn die Liebe Gottes ist ausgegossen in unsere Herzen durch den Heiligen Geist, der uns gegeben ist" (Röm 5,1–5).

„Eigentlich nicht nötig"

Die Situation kennen Sie alle: Ich bin eingeladen zu Besuch. Die Dame des Hauses öffnet die Tür. Ich überreiche einen Blumenstrauß, und sie sagt: „Das ist aber eigentlich nicht nötig."

Sind Blumen nötig? Mancher denkt: Sie kosten viel und bringen wenig. Wenn schon ein Geschenk, dann etwas „Praktisches", etwas, daß man gebrauchen kann. Blumen sind nicht nötig wie andere Dinge nötig sind. Man kann sie nicht verwerten. Und oft, allzuoft denken wir nur daran.

Wir fragen: Was bringt's? Was habe ich davon? Was kann ich damit machen? Diese Fragen können uns ganz gefangen nehmen. Dann sehen wir schließlich auch Religion und Kirche allein durch diese Brille: Was habe ich davon? Was bringt mir der Gottesdienst? Die Kirche wird schließlich zur Sinn-Agentur, zur Institution für bestimmte soziale Dienste, zum moralischen Rückhalt für Staat und Gesellschaft. Da ist sie zu gebrauchen. – Wenn das alles ist, hat sie ihr Ziel verfehlt.

Zurück zum Blumenstrauß: Sind Blumen nötig? Es gibt Erfahrungen in unserem Leben, die über das vordergründig Nötige hinausreichen. Blumen sind eigentlich nicht nötig, aber sie sind schön. Sie eröffnen eine neue Dimension, über die Kosten-Nutzen-Kalkulation und über das „Wie Du mir, so ich Dir" hinaus. Da schweigt die Frage nach dem Nötigen. Da geht's nicht mehr nur darum, was ich „gebrauchen" kann.

Ist die Musik nötig? Ist es nötig, daß wir einen Chor haben? Was bringt er denn? „Eigentlich nicht nötig ..." Aber es ist schön, daß er da ist. Es ist gut, daß wir singen. Könnten wir sonst feiern?

Und die Liebe?

Ist Liebe nötig? Sie ist nicht unbedingt nötig, um ein Kind zu zeugen. Mann und Frau können das auch so „machen". Und schließlich kann man es auch im Reagenzglas bewerkstelligen.

Ist Liebe nötig? Man kann sie nicht „gebrauchen", nicht „verwerten". Es ist, wie wenn jemand zum anderen sagt: „Ohne dich möchte ich nicht leben. Immer will ich mich für dich einsetzen, immer will ich zuerst fragen: Was ist gut für dich?" – Das alles wird von Grund auf verkehrt, wenn der andere mich einfach als sein Eigentum betrachtet, wenn er das freie Versprechen, ihm zu gehören, in ein Verfügungsrecht verkehrt. Dann belügt er sich selbst: Er „gebraucht" meine Liebe, die ich ihm nur in Freiheit schenken kann, wie eine platte Gegebenheit. Wir sagen oft: „Du, ich brauche dich." Das kann gut gemeint sein. Es wird aber ganz schlimm, wenn ich jemanden gebrauche wie eine Zigarette oder ein Geldstück. Dann mißbrauche ich ihn.

Ist Liebe nötig? Mehr noch als bei den Blumen und der Musik stoßen wir mit dieser Frage in eine andere Dimension. Es gibt Erfahrungen, die das vordergründig Nötige weit überschreiten. Wenn wir ihnen folgen, spüren wir auf einmal: Das, von dem wir sagen: „Eigentlich nicht nötig", ist – so paradox es klingt – das Allernötigste. Es läßt uns Mensch werden und bleiben.

Weil du du bist ...

Hat das alles etwas mit Gott zu tun? Sehr viel! Haben wir Gott nötig? Die Frage ist nicht aus der Luft gegriffen. Mancher denkt: „Eigentlich nicht nötig ... Die Sonne scheint auch ohne Gott, das Bier schmeckt auch ohne Gott, und der Rubel rollt auch ohne Gott. Ich brauche Gott nicht."

In der Tat, Gott ist nicht nötig wie Geld und Bier. Wer Gott für sein Fortkommen gebrauchen will, geht leer aus. Meister Eckhart sagt: „Manche Menschen wollen Gott mit den Augen ansehen, mit denen sie eine Kuh ansehen. Sie wollen Gott lieben, wie sie eine Kuh lieben. Die liebst du wegen der Milch und des Käses und deines eigenen Nutzens. So halten's alle jene Leute, die Gott um des äußeren Reichtums oder des inneren Trostes willen lieben. Die aber lieben Gott nicht recht, sondern sie lieben ihren Eigennutz." Gott läßt sich von uns nicht gebrauchen wie Käse und Milch. Er möchte uns auf jener anderen Ebene begegnen, die uns sagen läßt: ‚Ohne dich will ich nicht leben; nicht weil ich etwas von dir haben muß, sondern weil du du bist.'

Ahnen Sie, was Pfingsten ist? Heiliger Geist? Geist ist Gabe. Der Heilige Geist ist nicht ein Ding, das ich gebrauchen kann wie Käse und Milch. Ich kann ihn auch auf frommem Wege nicht machen. Es gibt keine kirchlichen Fabriken, die ihn produzieren. Wir sind weder Macher noch Verbraucher des Geistes. Aber wir dürfen ihn empfangen: „Die Liebe Gottes ist ausgegossen in unsere Herzen durch den Heiligen Geist, der uns gegeben ist" (5).

Eigentlich nicht nötig? Gottes Geist ist so nötig, wie die Liebe nötig ist. „Komm, Heiliger Geist, erfülle die Herzen deiner Gläubigen und entzünde in ihnen das Feuer deiner Liebe."

Söhne und Töchter Gottes

„Alle, die sich vom Geist Gottes leiten lassen, sind Söhne Gottes. Denn ihr habt nicht einen Geist empfangen, der euch zu Sklaven macht, so daß ihr euch immer noch fürchten müßtet, sondern ihr habt den Geist empfangen, der euch zu Söhnen macht, den Geist, in dem wir rufen: Abba, Vater! So bezeugt der Geist selber unserem Geist, daß wir Kinder Gottes sind. Sind wir aber Kinder, dann auch Erben; wir sind Erben Gottes und sind Miterben Christi, wenn wir mit ihm leiden, um mit ihm auch verherrlicht zu werden" (Röm 8,14–17).

Wes Geistes Kind sind wir? Wir sind Kinder unserer Zeit, sagen wir oft. Des Zeit-Geistes? Paulus denkt anders: „So bezeugt der Geist selber unserem Geist, daß wir Kinder Gottes sind" (16). Kinder unserer Zeit – Kinder Gottes.

Kinder Gottes?

Wir sind doch schließlich keine Kinder mehr. Wir sind erwachsene Frauen und Männer. „Kinder Gottes" – sollen wir Kinder bleiben? Das ist unter scheinbar frommen Vorzeichen oft genug versucht worden. Denken Sie nur an die „Pfarrkinder", an den „Abbé", den „Pater", den „Heiligen Vater". Dieser Sprachgebrauch hat nicht selten kindliche, ja kindische Abhängigkeit religiös eingeübt und die Reifung im Glauben behindert.

Mein Vater war ein einfacher Bauer. Ich habe noch in den Ohren, daß er nicht selten nach dem Sonntagsgottesdienst ärgerlich sagte: „Der Pastor predigt, als wären wir

Kinder." Er sah sich mit seinen über achtzig Jahren eines christlichen Lebens nicht ernstgenommen.

Liegt das nur an bestimmten kirchlichen Strukturen oder Personen? Oder macht der Glaube selbst unmündig? Die Religionskritik der Neuzeit (Feuerbach, Marx, Nietzsche, Freud) sagt: Der Glaube verhindert, daß der Mensch zu sich selbst kommt; er macht ihn unmündig. „Das Ganze ist so offenkundig infantil, so wirklichkeitsfremd, daß es einer menschenfreundlichen Gesinnung schmerzlich wird zu denken, die große Mehrheit der Sterblichen werde sich niemals über diese Auffassung des Lebens erheben können" (Sigmund Freud). Im Ernst, kann man das noch sagen?: „Kinder Gottes". Was ist das für ein Geist, der uns „Abba, Vater" rufen läßt? Sind wir da von allen guten Geistern verlassen?

Erwachsen werden

Vor Jahren sprach man von der „vaterlosen Gesellschaft". Wir haben unsere Erfahrungen damit. Wer meint, sich an allen Ecken und Enden gegen die Väter (und auch gegen die Mütter) auflehnen zu müssen und den Autoritätskonflikt auf Dauer stellt, verpaßt schließlich die Chance, sich in Beziehungen und Bindungen einzuüben. Er wird immer infantil bleiben; wie diejenigen, die sich hinter übergroße Väter oder Mütter oder dergleichen Institutionen verstecken und nicht wagen, sich zu lösen und freizuschwimmen, nie erwachsen werden.

So oder so, der Verlust eines wirklichen Gegenübers hat ungeahnte Folgen. Das Beziehungsgefüge im Spannungsfeld von Distanz und Nähe gerät aus den Fugen. Wo Freiheit nur als Unabhängigkeit verstanden wird und jede Bindung suspekt ist, da geht schließlich nicht nur die Freiheit verloren. Menschen werden unfähig zur Verantwortung, zur Solidarität („Entsolidarisierung"), zu verbindlicher Liebe. Die Anonymität wächst. Und schließlich werden Beziehungen zu Dingen (Computern) wichtiger als zu Menschen. Oder wird Narziß, der Göttersohn aus der griechischen Mythologie, zum Schlüsselbild unserer Gesellschaft? Zur Mittagszeit sitzt er am Brunnen und entdeckt sein eigenes Spiegelbild auf dem Wasser. Er verliebt sich darin – und verschmachtet!

Es ist die Aufgabe unseres Lebens, zu reifen und erwachsen zu werden, so mühsam und schmerzhaft das oft auch ist. Doch wir sind und bleiben Kinder unserer Väter und Mütter, auch wenn wir hundert Jahre alt werden. Kind ist man nicht durch Arbeit oder Verdienst, sondern von Geburt her, biologisch, psychologisch, existentiell. Keiner hat sich selbst gemacht. Wir verdanken uns nicht unserer Entscheidung. Manche hadern damit und sagen: Ich bin doch gar nicht gefragt worden: In der Tat, wir sind uns vorgegeben. Das bestimmt unser ganzes Dasein.

Ja zum Kind in uns

„Kinder Gottes", das Wort ist nicht von gestern, es gilt für heute, und für morgen. Es deutet an, daß Gott uns immer voraus ist und bleibt. Wir empfangen das Leben von ihm, wir brauchen es nicht selbst zu schaffen. Die „Macher" leben in der Knechtschaft ihrer eigenen Leistung, ständig unter Druck. Wir empfangen das Heil von Gott, wir können und müssen uns nicht selbst erlösen. Zu uns selbst finden wir nicht, indem wir (wie Narziß) in den Brunnen schauen und uns in unser eigenes Bild verlieben. Gott sieht uns an, das gibt uns Ansehen. „Ich bin geliebt, also bin ich!"

In diesem Vertrauen rufen wir: „Abba, Vater!" (15). Wir haben es nicht nötig, uns mit Zähnen und Klauen gegen einen Über-Vater-Gott emanzipieren zu müssen. Die sich vom Geist Gottes leiten lassen, sind von solchen Rechtfertigungszwängen befreit. Wo dieser Geist weht, da ist Luft zum Atmen, zum Aufatmen. Da regt sich was, da wird's kreativ durch den creator spiritus.

Erben Gottes

Kinder Gottes, ja! Aber damit ist nicht alles gesagt. Die Erde ist nicht Gottes Kindergarten. Gott hält seine Kinder nicht klein und abhängig, er läßt sie in seiner Nähe groß werden und frei, erwachsen, mündig. Er entscheidet nicht einfach über die Köpfe hinweg: „Ihr habt nicht einen Geist empfangen, der euch zu Sklaven macht, ... ihr habt den Geist empfangen, der euch zu Söhnen (und Töchtern) macht" (15). Hier ist nicht von Kindsköpfen die Rede, sondern von „Erben Gottes und Miterben Christi" (17). Erben sind die, denen ich alles anvertraue, was mir am Herzen liegt. Ich traue ihnen zu, daß sie eigenständig und verantwortlich damit umgehen.

„Wir sind Miterben Christi", mit allen Hypotheken: „Wenn wir mit ihm leiden, um mit ihm auch verherrlicht zu werden" (17). Gottes Geist bindet uns ein in die Solidarität mit dem Leiden Jesu, dem Leiden an der Schöpfung. Ein Geist, der sich um diese Seite der Realität drückt, der einen Bogen macht um die dunkle Seite unserer Erfahrungen, der nicht gerade im Tal des Todes das Banner der Hoffnung aufrichtet, kann Gottes Geist nicht sein. – Kein leichtes Erbe, aber ein kostbares. Gottes Geist befähigt uns, dieses Erbe anzutreten.

Wenn Gott uns so sieht, als erwachsene Söhne und Töchter, als Erben, muß man das nicht spüren in der Kirche? Wir können uns doch nicht anders sehen, als Gott uns sieht. Wir können und dürfen doch nicht nach dem überholten Schema von Sklavenhaltern verfahren. Wir dürfen auch nicht so tun, als seien wir immer noch im Kindergarten. Und Gott will nicht, daß einige Erbhöfe verwalten und andere abhängig halten. Alle sind wir „Erben Gottes und Miterben Christi". Das gilt nicht wegen des gewachsenen Demokratiebewußtseins heute, sondern weil Gottes Geist das bezeugt. Für Getaufte gibt es nur mehr geschwisterliche Instanzen (vgl. auch Mt 23,9), ohne Autoritätshörigkeit, ohne Unterwürfigkeit und Ängstlichkeit. Gottes Geist stärkt uns den Rücken zum aufrechten Gang, in der Kirche und in der Welt.

Sind wir eigentlich
noch bei Trost?

„Denn wir wissen, daß die gesamte Schöpfung bis zum heutigen Tag seufzt und in Geburtswehen liegt. Aber auch wir, obwohl wir als Erstlingsgabe den Geist haben, seufzen in unserem Herzen und warten darauf, daß wir mit der Erlösung unseres Leibes als Söhne offenbar werden. Denn wir sind gerettet, doch in der Hoffnung. Hoffnung aber, die man schon erfüllt sieht, ist keine Hoffnung. Wie kann man auf etwas hoffen, das man sieht? Hoffen wir aber auf das, was wir nicht sehen, dann harren wir aus in Geduld. So nimmt sich auch der Geist unserer Schwachheit an. Denn wir wissen nicht, worum wir in rechter Weise beten sollen; der Geist selber tritt jedoch für uns ein mit Seufzen, das wir nicht in Worte fassen können. Und Gott, der die Herzen erforscht, weiß, was die Absicht des Geistes ist: Er tritt so, wie Gott es will, für die Heiligen ein" (Röm 8,22–27).

Trostlos

Sind wir eigentlich noch bei Trost? Manche sagen: „Schaut euch doch das Ganze an, die Situation ist trostlos." Was ist nur mit der Kirche los? Sie scheint von allen guten Geistern verlassen. Nach dem Konzil sagte man: „Jetzt bricht ein neues Pfingsten an." Und heute, dreißig Jahre danach? Wird zum Rückzug geblasen? Was wird mit der Zukunft unserer Gesellschaft? Arbeitslosigkeit und Umweltprobleme lassen die Situation trostlos erscheinen, die Politiker ratlos.

Vielleicht denkt mancher hier: „Was reden Sie da? Ich

bin mit meiner Situation ganz zufrieden und mit den Verhältnissen auch. Trost, nein danke." Das mag es geben. Ich will niemandem Fragen einreden. Aber es gibt viele andere, die nicht nur im Blick auf ihre Umwelt und ihre Verhältnisse trostlos sind, sondern auch im Blick auf ihre eigene Lebenssituation. Traurigkeit hat sie überfallen. Sie wissen nicht, wie es weitergehen soll: mit den verfehlten Lebensentscheidungen, mit den zerbrochenen Beziehungen, mit den Kalamitäten, in denen sie stecken, mit den eigenen Grenzen. Oft gehen wir mit großen Hoffnungen an den Start – und dann enden wir schließlich in Filzpantoffeln. Wie werden wir fertig mit diesen Erfahrungen? Sind wir noch bei Trost?

Vertröstungen

Wer kann trösten? Es gibt einen billigen Trost. Den kennen wir alle. Wir sitzen in der Klemme, und dann kommt jemand und sagt: „Es ist doch alles gar nicht so schlimm. Kopf hoch, alter Freund! Es wird schon wieder." In kritischen Situationen können solche Sprüche noch trostloser machen. Mit billigem Trost ist niemandem gedient.

Man hat lange Zeit den christlichen Glauben mit Vertröstung gleichgesetzt. Die Religionskritik hat dem Christentum den Vorwurf gemacht, es ginge ihm im wesentlichen um Vertröstung über die Rätsel des Lebens mit einem Ausgleich im Jenseits. Billige Vertröstung!

Das ist kein Trost, das ist nicht der christliche Glaube. Der widerspricht gerade einer billigen Vertröstung aufs Jenseits. Aber er widerspricht ebensosehr einer nicht minder schlimmen Vertröstung mit dem Diesseits. Wie kommt es eigentlich, daß sich immer mehr Menschen mit ihren selbstgemachten „Tröstern" eindecken? Daß sie den Trost in der Flasche suchen und in der Droge oder in all den Waren, die uns die Trostfabriken in ihrem Sortiment anbieten? Vertröstungen auf das Diesseits, das bringt nichts. Der Kater hinterher ist meist größer als die Misere vorher. „Die Welt ist eine Nummer zu klein geraten, um die unendliche Sehnsucht eines Menschen stillen zu können", sagt Kurt Tucholsky.

Kostbarer Trost

Es gibt nicht nur die Vertröstung. Es gibt nicht nur den billigen Trost. Es gibt den kostbaren Trost. Wer ihn erfahren hat in Situationen der Trostlosigkeit, weiß davon zu erzählen. Da wird uns der Blick geöffnet. Die Trostlosigkeit ist ja dadurch gekennzeichnet, daß wir nur noch unsere Probleme sehen und darauf fixiert sind. Der kostbare Trost weitet den Horizont, macht uns aufmerksam auf unsere Möglichkeiten, die wir fast ganz übersehen und vergessen hätten.

Diese neuen Möglichkeiten können wir wahrnehmen, ganz zu schweigen von den ungeahnten Möglichkeiten Gottes mit uns. Gottes Möglichkeit, mehr noch: seine Wirklichkeit in uns ist der Heilige Geist. Ihn nennen wir den Tröster. Er weitet unseren Horizont. Er reißt uns nicht einfach aus unseren Kalamitäten und Miseren heraus. „Wir wissen, daß die gesamte Schöpfung bis zum heutigen Tag seufzt und in Geburtswehen liegt. Aber auch wir, obwohl wir als Erstlingsgabe den Geist haben, seufzen in unserem Herzen und warten darauf, daß wir mit der Erlösung unseres Leibes als Söhne offenbar werden" (22f). Auch wir stöhnen mit und können uns nicht schwärmerisch über die faktischen Verhältnisse hinweg treiben lassen.

Der Geist entreißt uns nicht den Konflikten. Er entreißt uns nicht den ganzen Mühsalen und Beschwernissen, die

171

Kirche zu erneuern. Er entreißt uns nicht den Rückschlägen. Er entreißt uns nicht den ganzen Frustrationen und den wüstenähnlichen Durststrecken. Aber er ist bei uns als der Beistand. Das ist Trost. Da müssen wir uns nicht den trostlosen Selbstbemitleidungen überlassen. Unser Blick weitet sich, weil wir nicht mehr in Angst um uns selbst und in Angst vor anderen versinken. Wenn der Beistand hinter uns steht, dann haben wir den Rücken frei, auch Hände und Füße, Herz und Kopf. So können wir in allen Mühen der kirchlichen und gesellschaftlichen Erneuerung und auch in den eigenen Fragen unseren Weg gehen, aufrechten Ganges. „So nimmt sich auch der Geist unserer Schwachheit an. Denn wir wissen nicht, worum wir in rechter Weise beten sollen; der Geist selber tritt jedoch für uns ein mit Seufzen, das wir nicht in Worte fassen können" (26).

Gottes Geist in uns ist Trost. Er läßt hoffen. Diese Hoffnung ist mehr als die Summe unserer Leistungen. Daß bei allem Streit Friede möglich ist, bei allem Haß Liebe, bei aller Trennung Einheit, bei aller Schuld Vergebung, das sind Gottes Möglichkeiten in uns durch seinen Geist.

„Komm, Tröster ..."

Ich muß gestehen, daß ich lange Jahre mit „Trost" und „Tröster" nicht viel anfangen konnte. In letzter Zeit ist mir beim Singen und Beten der Pfingstlieder aufgegangen, daß diese Anrede des Geistes fast in keinem Lied, in keinem Hymnus fehlt: „Der du der Tröster wirst genannt." Diese Anrede ist mir sehr wichtig geworden. „Komm, Tröster, der die Herzen lenkt, du Beistand, den der Vater schenkt."

Jesus Christus ist der Herr

„Und keiner kann sagen: Jesus ist der Herr!, wenn er nicht aus dem Heiligen Geist redet. Es gibt verschiedene Gnadengaben, aber nur den einen Geist. Es gibt verschiedene Dienste, aber nur den einen Herrn. Es gibt verschiedene Kräfte, die wirken, aber nur den einen Gott: Er bewirkt alles in allen. Jedem aber wird die Offenbarung des Geistes geschenkt, damit sie anderen nützt. Dem einen wird vom Geist die Gabe geschenkt, Weisheit mitzuteilen, dem andern durch den gleichen Geist die Gabe, Erkenntnis zu vermitteln, dem dritten im gleichen Geist Glaubenskraft, einem andern – immer in dem einen Geist – die Gabe, Krankheiten zu heilen, einem andern Wunderkräfte, einem andern prophetisches Reden, einem andern die Fähigkeit, die Geister zu unterscheiden, wieder einem andern verschiedene Arten von Zungenrede, einem andern schließlich die Gabe, sie zu deuten. Das alles bewirkt ein und derselbe Geist; einem jeden teilt er seine besondere Gabe zu, wie er will.

Denn wie der Leib eine Einheit ist, doch viele Glieder hat, alle Glieder des Leibes aber, obgleich es viele sind, einen einzigen Leib bilden: so ist es auch mit Christus. Durch den einen Geist wurden wir in der Taufe alle in einen einzigen Leib aufgenommen, Juden und Griechen, Sklaven und Freie; und alle wurden wir mit dem einen Geist getränkt" (1 Kor 12,4–13).

Wenn wir im Glaubensbekenntnis sprechen: „Ich glaube an den Heiligen Geist", dann folgt unmittelbar: „die heilige katholische Kirche". Heiliger Geist und Kirche gehören ganz eng zusammen. Die Kirche ist die Gemeinschaft des Heiligen Geistes. Pfingsten ist der Ursprung der Kirche.

173

Wer leitet die Kirche?

Ich erinnere mich noch gut an folgende Situation: Ein Theologiestudent in den ersten Semestern kommt ins Examen. Der Professor fragt: „Wer leitet die Kirche?" Der Student antwortet: „Jesus Christus." Darauf der Professor: „Aber das wollen wir doch hier nicht hören ..." – Hier hören wir's, als Gottes Wort in der Pfingstlesung: „Jesus ist der Herr ... Es gibt verschiedene Dienste, aber nur den einen Herrn" (3,5). So steht's da klipp und klar, ohne Wenn und Aber. Jesus Christus ist Herr im Hause der Kirche.

Muß man überhaupt ein Wort darüber verlieren? Das versteht sich doch von selbst. Das gilt so grundsätzlich und allgemein, daß es niemanden vom Stuhl reißt. Oder doch? Jedenfalls betrifft es die ganze kirchliche Stuhlordnung. „Er sitzt zur Rechten Gottes, des allmächtigen Vaters." Er allein ist der Herr. Jeder Amtsträger, auf welchem Stuhl er auch sitzt, auf dem Bischofsstuhl oder auf dem Priestersitz oder auf dem Heiligen Stuhl, jeder ist diesem Herrn verantwortlich. Alle Autoritäten in der Kirche haben nur soviel Sinn und Berechtigung, wie sie in der Nachfolge Jesu stehen und auf ihn als die letzte Autorität hinweisen.

Warum unterstreicht der Apostel das so ausdrücklich? Hier scheiden sich die Geister: „Keiner kann sagen: Jesus ist der Herr!, wenn er nicht aus dem Heiligen Geist redet" (3). Nur in der Kraft des Geistes werden wir der Versuchung widerstehen, uns selbst als die Herren aufzuspielen (vgl. Mt 24,45-51).

„Jesus ist der Herr!" – das heißt auch: Die Kirche ist keine Demokratie im Sinne dieses Wortes. In ihr geht die Gewalt nicht vom Volk aus, sondern von Jesus Christus. Sie ist weder eine Demokratie noch eine Aristokratie noch

eine Monarchie; sie ist der Raum, in dem Gottes Herrschaft zum Zuge kommen soll. Die durchkreuzt unsere
gängigen Leitungsmuster. Wenn das nicht mehr spürbar
ist, wenn nicht mehr deutlich wird, daß es nicht um
Menschenherrschaft, sondern um Gottes Herrschaft geht,
dann verfehlt die Kirche ihre Berufung.

Energiekrise?

„Jesus ist der Herr!" – das hat Folgen. Er setzt seine Energie frei. Die kommt nicht von unten, sondern von oben.
Sein Heiliger Geist ist „die Kraft aus der Höhe", nicht unser Werk, ein Gottesgeschenk. Der Geist ist nicht ein Produkt der Kirche, die Kirche ist eine Frucht des Geistes.
Geist ist Gabe. Wie wenn wir sagen: Der ist begabt. Das
gilt in der Kirche nicht nur für einige wenige.

Jeder ist begabt. Jeder ist auf seine Weise eine Offenbarung des Geistes: Frauen und Männer, Jugendliche und
Erwachsene, Theologen und Laien, Juden und Griechen,
Afrikaner und Inder. „Jedem wird die Offenbarung des
Geistes geschenkt, damit sie anderen nützt" (7). Der Apostel überschlägt sich fast, die einzelnen Begabungen auf-
zuzählen: Weisheit, Erkenntnis, Glaubenskraft, Krankheiten zu heilen, die Geister zu unterscheiden ... Das spru-
delt von Energie. So ist die Kirche, sagt Paulus, voller Begabungen.

Wir stehen ziemlich ratlos da: Wie ist das denn bei uns?
Merkt man etwas davon? Steckt die Kirche heute in einer
Energiekrise? Pfingsten will uns ermutigen, die Begabungen in uns und um uns zu entdecken und zu fördern. Es
gibt sie doch: Menschen, die von ihrem Glauben sprechen
aus Erfahrung, die anderen Anteil daran geben. Das ist
kein Monopol der Theologen. Das muß man nicht stu-
diert haben. Nicht um Angelerntes geht's, sondern um Er-

lebtes. Das gibt's doch unter uns: Katechetinnen und Katecheten, die in der Vorbereitung auf die Sakramente mit der Überzeugungskraft ihres Lebens für den Glauben einstehen. Das gibt es doch unter uns: Die vielen Frauen und Männer, die in den synodalen Gremien unsere Pfarrgemeinden mittragen. Oder denken wir an die großen ökumenischen Kirchenversammlungen in Basel und Graz. Und vergessen wir nicht, was sich in der Weltkirche tut: Die verschiedenen Ortskirchen in Lateinamerika, Afrika und Asien – Offenbarungen des Geistes.

Es ist ein großer Unterschied, ob wir die Vielfalt in der Kirche nur mit Angst und Schrecken hinnehmen oder in ihr das Wirken des Geistes Gottes wahrnehmen. Er wirkt ja nicht nur die vielfältigen Begabungen, er verbindet sie zur Einheit, wie Paulus sagt: „Das alles bewirkt ein und derselbe Geist, einem jedem teilt er seine besondere Gabe zu, wie er will" (11). Wie Er will, nicht unbedingt und in jedem Falle, wie wir es wollen. Er spendet die Gaben. Er ist die Seele des Ganzen, die Seele der Kirche. Er verbürgt die Einheit in der Vielfalt.

Amt und Gemeinde

Und das Amt in der Kirche? Geht es im Sturm des Heiligen Geistes unter? Verschwindet es unter den vielen Gaben, die der Geist wirkt? Paulus spricht an dieser Stelle nicht ausdrücklich vom Amt, aber er nimmt es wahr. Er weiß sich von Christus zum Apostelamt berufen, das gerade der Einheit in der Vielfalt zu dienen hat. Er schreibt im vollen Bewußtsein seiner Autorität, nicht nur als Christ zu Mitchristen. Er schreibt als Apostel, der kraft seines Amtes der Gemeinde in Korinth gegenübersteht und ihr etwas zu sagen hat, und zwar nicht nur Freundlichkeiten. Es geht so weit, daß er Leute aus der Gemeinde ausschließt.

Amt und Gemeinde, in der jeder unmittelbar vom Geist Gottes begabt ist: Kann man das zusammenhalten?

– Man kann die besondere Sendung und Verantwortung des Amtes so vereinseitigen, daß sie zur alleinigen Verantwortung wird. Dann geraten alle Formen der Mitverantwortung in Konkurrenz zum Amt, werden allenfalls (vorübergehend) als notwendiges Übel oder als Spielwiese geduldet.

– Umgekehrt kann die gemeinsame Verantwortung aller Christen so verabsolutiert werden, daß man denkt: Es gibt gar nichts anderes, die besondere Verantwortung des Amtes hat sich erübrigt.

Gegenüber solchen Engführungen hat Paulus Amt und geistbegabte Gemeinde zusammengehalten und damit der Kirche den Weg gewiesen. Die verschiedenen Formen der Mitverantwortung sind nicht als Einschränkung des Amtes zu verstehen, sondern als Entfaltung der Kirche durch den Geist. Dem wollen die Strukturen der Mitverantwortung dienen. Die Amtsträger tragen eine besondere, aber nicht die alleinige Verantwortung für die Kirche, sie können um sich herum eine Fülle geistgewirkter Begabungen entdecken. Die haben sie zu fördern. Autorität kommt vom lateinischen augere und heißt zu deutsch: fördern, mehren. Also: die verschiedenen Begabungen nicht blockieren, sondern ermutigen, die Laien befähigen, Kirche verantwortlich mitzutragen, ihnen die Möglichkeit geben, diese Verantwortung wahrzunehmen. Nicht die Abgrenzung, sondern das Zusammenspiel läßt den Glauben wachsen.

Beides: Amt und die Begabungen in der Ortsgemeinde und in der gesamten Kirche verdanken sich dem einen Geist. Gibt es ein stärkeres Band, das uns bei aller Spannung zusammenhält? Der Heilige Geist öffnet in unserer Kirche Türen, die niemand mehr schließen kann.

Strahlen

„Weil wir eine solche Hoffnung haben, treten wir mit großem Freimut auf, nicht wie Mose, der über sein Gesicht eine Hülle legte, damit die Israeliten das Verblassen des Glanzes nicht sahen. Doch ihr Denken wurde verhärtet. Bis zum heutigen Tag liegt die gleiche Hülle auf dem alten Bund, wenn daraus vorgelesen wird, und es bleibt verhüllt, daß er in Christus ein Ende nimmt. Bis heute liegt die Hülle auf ihrem Herzen, wenn Mose vorgelesen wird. Sobald sich aber einer dem Herrn zuwendet, wird die Hülle entfernt. Der Herr aber ist der Geist, und wo der Geist des Herrn wirkt, da ist Freiheit. Wir alle spiegeln mit enthülltem Angesicht die Herrlichkeit des Herrn wider und werden so in sein eigenes Bild verwandelt, von Herrlichkeit zu Herrlichkeit, durch den Geist des Herrn.

Denn Gott, der sprach: Aus Finsternis soll Licht aufleuchten!, er ist in unseren Herzen aufgeleuchtet, damit wir erleuchtet werden zur Erkenntnis des göttlichen Glanzes auf dem Antlitz Christi" (2 Kor 3,12–18; 4,6).

Strahlen – je nachdem

Strahlen haben es in sich. Das Wort sitzt uns in den Knochen. Reaktorschock! Jeder weiß, was das heißt. Es gibt Strahlen, die tödlich sind. Man sieht sie nicht, sie liegen in der Luft. Sie treffen Pflanzen und Tiere und gehen durch Mark und Bein.

Strahlen – das Wort kann uns Schrecken einjagen, es kann aber auch Begeisterung wecken. Jeder von uns kennt Menschen, die etwas ausstrahlen, die Ausstrahlungskraft besitzen.

Christi Strahlkraft

Christus hat etwas ausgestrahlt. Das kann man durch die Jahrhunderte hindurch heute noch merken. Er hat nicht nur etwas ausgestrahlt; auf seinem Gesicht strahlt „göttlicher Glanz" wider (4,6). Er hat Gott ausgestrahlt, er hat ihn ungebrochen reflektiert.

Pfingsten ist ein strahlendes Fest. Die Strahlen gehen von Christus aus. Man sieht es unseren Pfingstbildern an und hoffentlich auch unseren Gesichtern. Die Ausstrahlungskraft Christi ist sein heiliger Geist, der Geist der Liebe. Der Apostel Paulus sagt: „Die Liebe Gottes ist ausgegossen in unsere Herzen durch den Heiligen Geist" (Röm 5,5). Diese Liebe ist der Weg zur Freiheit. „Wo der Geist des Herrn wirkt, da ist Freiheit" (2 Kor 3,17). Er kann Menschen verwandeln, er kann sie zum Strahlen bringen.

Christus ist kein „Strahlemann"; er ist nicht vom Typ „immer nur lächeln ..." Er hat sich dem Leiden gestellt. Er strahlt durch die Wunden, die er erlitten hat. Sein Leben hat gerade durch den Tod hindurch in der Auferstehung Ausstrahlungskraft gewonnen. Das ist sein Heiliger Geist, den er ausstrahlt und mit dem er uns in dieser Welt zum Leuchten bringen will. „Wir alle spiegeln mit enthülltem Angesicht die Herrlichkeit des Herrn wider und werden so in sein eigenes Bild verwandelt, von Herrlichkeit zu Herrlichkeit, durch den Geist des Herrn" (18). Der Geist ist die Energie Gottes, die uns wandelt, wie er auch die Gaben der Schöpfung wandelt. Darum heißt es im Hochgebet unmittelbar vor dem Einsetzungsbericht: „Sende deinen Geist auf diese Gaben herab und heilige sie, damit sie uns werden Leib und Blut deines Sohnes, unseres Herrn Jesus Christus."

Unsere Ausstrahlung

Es gibt Strahlen, die tödlich sind, und Strahlen, die Leben wecken. Welchen Strahlen setzen wir uns aus?

Die tödlichen Strahlen überfallen uns von hinten – entfesselte Materie, die dem Menschen aus der Hand gleitet und sich gegen ihn selbst wendet, gesichtslos, anonym. Die belebenden Pfingststrahlen gehen von einem Gesicht aus, von einer Person: „Denn Gott, der sprach: Aus Finsternis soll Licht ausstrahlen, er ist in unseren Herzen aufgestrahlt, damit wir erleuchtet werden zur Erkenntnis des göttlichen Glanzes auf dem Angesicht Christi" (4,6). Strahlen, die aus der Quelle der Energie kommen, aus Gott selbst. Sie schenken Leben.

Wir können diese Strahlen widerspiegeln, so daß sie andere erfassen. Das ist unsere Berufung. „Die Herrlichkeit des Herrn" widerzuspiegeln, so wie ein Reflektor Strahlen auffängt und reflektiert. Das Dilemma unserer Situation besteht darin, daß der Mensch diesen Auftrag weitgehend vergessen hat. Was die Welt zum Strahlen bringt, so meint er, das komme aus ihm selbst. Er sei der Herr der Schöpfung. Er sonnt sich im Glanz seiner eigenen Herr-lichkeit. Und schließlich holen ihn die Strahlen ein, die er selbst entfesselt hat. Sie treffen ihn ins Mark.

Alles spitzt sich zu auf die entscheidende Frage: Wer ist der Herr der Schöpfung? Welcher Herr-lichkeit sind wir verpflichtet? Hier scheiden sich die Geister – und die Strahlen!

Der Feuerwerfer

Das Streichholz

Man soll nicht mit dem Feuer spielen ... Gleichwohl, ich habe hier ein Streichholz. Die Kuppe ist ein Wunderwerk menschlicher Erfindung: Eine ganz einfache Mischung von Sauerstoffträgern, Bindemitteln und Glaspulver. So bescheiden sich das Stäbchen ausnimmt, es hat die Menschen in ihrer Entwicklung einen großen Schritt nach vorn gebracht, es hat ihnen eine wichtige Sicherheit geschenkt. Mit einem Streich können sie das Feuer entzünden, im Kamin oder an der Kerze. Frühere Generationen lebten in der Sorge, das Feuer könne ihnen ausgehen. Sie mußten Tag und Nacht das Feuer hüten. Das ist vorbei, seit es das Streichholz gibt.

Heißer Atem

Das Feuer ist eins der vier Elemente. Es ist von alters her mit dem Himmel verbunden. Ein Göttergeschenk! In der griechischen Mythologie stiehlt es Prometheus, der Titan, den Göttern. Das Feuer ist voll religiöser Faszinationskraft.

Wir erinnern uns an Mose, den Befreier Israels aus der Knechtschaft Ägyptens. Als er es mit Gott zu tun bekommt, sieht er einen Dornbusch brennen und doch nicht verbrennen. Wie ein Feuerofen ist Gott, wie ein Feuerball, ganz feurig. Von solcher Gottes-Energie angesteckt geht Mose ans Werk, sein Volk zu befreien.

Jesus versteht sich wie ein Feuerwerfer: „Ich bin gekommen, um Feuer auf die Erde zu werfen. Wie froh wäre ich, es würde schon brennen" (Lk 12,49). Als wolle er mit dem Evangelium einen Weltenbrand entfachen. – Von ihm wird (außerbiblisch) das Wort überliefert: „Wer mir nahe ist, ist dem Feuer nahe." Eine Leidenschaft für Gott und die Menschen brennt in ihm, heißer Atem angesichts von Unrecht und Not, eine brennende Sorge für Rechtlose und Erniedrigte.

Die Feuerzungen, von denen die Pfingstlesung spricht und die auf den Pfingstbildern über den Köpfen Marias und der Apostel aufleuchten, sind Flammen vom Feuer Jesu. Mit Pfingsten setzt ein Feuersturm ein. Der Funke springt über und läßt die Kirche entstehen, aus allen Völkern und Nationen.

„Löscht den Geist nicht aus ..."

Es kommt nicht von ungefähr, daß das Christentum auch nach zweitausend Jahren in der ganzen Welt Menschen erreicht und ansteckt. Das hat mit diesem inneren Feuer zu tun, mit dem Geist Jesu. Nicht blindwütiges Feuer ist gemeint, das verbrannte Erde hinterläßt, sondern jene Leidenschaft für Gott und die Menschen, die das Angesicht der Erde erneuert. Wo dieses Feuer brennt,
– da wird heißer Atem spürbar,
– da läßt man sich nicht hängen und lamentiert über die schlechten Zeiten, sondern brennt darauf, etwas zu verändern, möglichst zuerst bei sich selbst,
– da werden Energien freigesetzt für Gerechtigkeit, Frieden und für die Bewahrung der Schöpfung,
– da läßt man sich im Sinne Jesu anfeuern und anstiften für mehr Freiheit, Gleichheit und Geschwisterlichkeit, auch und gerade in der Kirche.

182

Geht nicht von solchem Feuer ein Glanz aus, der das Leben wahr und spannend macht?

„Löscht den Geist nicht aus", mahnt der Apostel (1 Thess 5,19). Wir hüten ihn oft wie ein abgedecktes Feuer, damit ja kein Funke überspringt. Der Enthusiasmus unserer Herzen ist eingeschläfert, unter allzuviel Ängstlichkeit und Routine. Darum zündet unsere Botschaft kaum noch. Die Spannung ist weg wie bei einer Batterie, die kaum noch etwas hergibt. Wo Christen kein Feuer mehr in sich spüren, wird alles müde und grau, langweilig und einfallslos. „Komm Heiliger Geist, entzünde in uns das Feuer deiner Liebe", das die Langeweile tötet und den Betrieb bloßstellt. Laß in Flammen aufgehen, was leeres Stroh geworden ist, verholzt, die Berge von Papier, die die Kirche bedecken … Entfache das Feuer in uns, die geistliche Energie.

Vielleicht könnte die Kirche/Gemeinde wie ein Zündholz sein, mit dem Gott über die Reibflächen der Zeit streicht, um selbst immer neu das Feuer seines Geistes zu entfachen. Ganz ungefährlich ist das nicht. Man kann sich dabei die Finger verbrennen oder gar die Zunge.

Klimawechsel

„Außerdem sagte Jesus zu den Leuten: Sobald ihr im Westen Wolken aufsteigen seht, sagt ihr: Es gibt Regen. Und es kommt so. Und wenn der Südwind weht, dann sagt ihr: Es wird heiß. Und es trifft ein. Ihr Heuchler! Das Aussehen der Erde und des Himmels könnt ihr deuten. Warum könnt ihr dann die Zeichen dieser Zeit nicht deuten? Warum findet ihr nicht schon von selbst das rechte Urteil?" (Lk 12,54–57).

Ob jemand ein Eigenheim baut oder einen Betrieb leitet, immer kommt es auf den Geist des Hauses an. Die äußeren Gegebenheiten allein machen's nicht. Was bringt der schönste Bungalow, wenn darin dicke Luft herrscht. Was bringt die bestausgestattete Firma, wenn das Betriebsklima unmöglich ist. Wir haben in den vergangenen Jahrzehnten viel gebaut: Familienhäuser, Hochhäuser, Werkhallen. Wir bauen am gemeinsamen Haus Deutschland, am Haus Europa, an der Einen Welt. Wie steht's da mit dem Geist des Hauses? Was liegt in der Luft? Was sagen die Zeichen der Zeit? Können wir sie deuten?

„Weiter so"?

Klimawechsel: Scheinbar braut sich etwas zusammen. Stehen die Zeichen auf Sturm? Vor uns die Sintflut? Lange Zeit haben wir gedacht: Es geht alles so weiter. Die Sonne scheint, die Wirtschaft läuft (mal mehr, mal weniger), der Rubel rollt und bald der Euro, die Pflanzen schießen üppig ins Kraut – und die Bäume? Auf einmal mußten wir feststellen: Die Nadeln rieseln, die Blätter fallen, nicht nur im Herbst. Wir stehen im Regen, im sauren Regen. Just in dem Moment, in dem wir denken: Die Bäume wachsen in den Himmel, beginnen sie zu sterben. Ein Zeichen der Zeit? – In Rio wurden vor einigen Jahren hoffnungsvolle Dokumente unterzeichnet. Wer hält sich dran? Das Ozonloch wächst. Das Loch im Himmel bringt vielen Menschen die Hölle auf Erden. Da stimmt doch was nicht. „Weiter so"? Wenn's so weitergeht, dann geht's bald nicht mehr weiter.

Klimawechsel: sozial. Tiefe Risse gehen durch unser Land und durch die Welt, zerreißen die Atmosphäre. Die Armut in Deutschland springt nicht ins Auge, so wenig wie das Ozonloch. Sie schreit nicht zum Himmel, sie verödet vor dem Fernseher. Die Zahl der Sozialhilfeempfänger ist enorm gestiegen, erst recht die Zahl der Arbeitslosen. Die Armut wächst und zugleich der Luxus. Ein Zeichen der Zeit? Die Starken werden stärker und die Schwachen schwächer. Das treibt unsere Gesellschaft auseinander. Und die Politiker lähmen sich gegenseitig, statt daß sie zu einem Grundkonsens finden und die notwendigen Reformen angehen. Da stimmt doch was nicht. „Weiter so"? Wenn's so weitergeht, dann geht's bald nicht mehr weiter.

Klimawechsel: kulturell. Das große Schlagwort heute ist „entertainment". Talk-Shows am laufenden Band. Die Unterhaltungsindustrie läuft auf Hochtouren. So flach wie möglich, ja nicht in die Tiefe gehen! Die Vermüllung belastet nicht nur unsere Umwelt, sondern Hirne und Herzen. „Wir amüsieren uns zu Tode" (Neil Postman). Es ist chic, Positionen zu vertreten, wie jemand Staubsauger oder Spülmaschinen vertritt und immer mal Produkt und Firma wechselt – ohne sein Herz daran zu hängen, geschweige denn sein Leben. Wir verlernen jene Entschiedenheit, mit der man eben nur so und nicht auch anders denkt und handelt. Was ist noch heilig? Fast alles ist käuflich! Ein Zeichen der Zeit? Da stimmt doch was nicht!

„Religion des Marktes"

Das sind Herausforderungen, denen wir uns stellen müssen, und zwar aus Gründen des Glaubens. Ich höre schon: ‚Ihr (Kirchen) seid viel zu politisch. Ihr mischt Euch in Dinge ein, die Euch gar nichts angehen.' – Die Schöpfung geht uns an. Die Menschen gehen uns an, so wahr es uns um Gott geht. Die dürfen wir nicht zum Teufel gehen lassen. Wir können doch nicht einfach nur unser frommes Schäfchen ins Trockene bringen wollen. Wir können doch nicht tatenlos mit ansehen, wie unsere Gesellschaft immer weiter auseinandertreibt. Die Zeichen der Zeit sehen, und sie deuten! Ich deute sie in einem zentralen Punkt so:

Offensichtlich verliert der christliche Glaube zunehmend an Boden. Viele stellen das genüßlich fest und denken: Jetzt sprießen in dem Vakuum Aufklärung und Humanität nur so aus dem Boden. Weit gefehlt! Desorientierung und Aberglaube breiten sich aus. Und an die Stelle des Glaubens an den menschenfreundlichen Gott ist längst die gnadenlose „Religion des Marktes" getreten. In ihrem Bann bringen wir uns bei, daß die Ellenbogen viel wichtiger sind als das Herz. Längst ist die Seele an den Markt verkauft, und wir wundern uns, daß das soziale Klima frostig geworden ist und viele frieren und erfrieren. Wir ersetzen das Rückgrat durch die harte Mark. Geld zählt mehr als Glaubensüberzeugung, als Aufrichtigkeit; und wir wundern uns über Korruption und Gewalttätigkeit (schon unter Kindern und Jugendlichen). Wir werden uns noch viel mehr wundern. Wir können Gesetze schaffen und härter anwenden, soviel wir wollen: Es wird sich wenig ändern, wenn die notwendigen Veränderungen in unseren Köpfen und Herzen ausbleiben. Die Krise in Umwelt und Gesellschaft ist eine Krise des Menschen. Er hat vergessen, wer Herr der Schöpfung ist.

Und wir?

Klimawechsel – der ist längst fällig, allerdings in umgekehrter Richtung. Wie können wir das Klima so umwelt- und sozialverträglich wie nur möglich gestalten? Woher bekommen wir den Nachschub an guter Energie? Woher nehmen wir die Kraft und den Mut, die gegenwärtige Krise als Chance zur Umkehr zu deuten und die Angst vor Veränderungen zu überwinden? Woher schöpfen wir das Vertrauen, daß wir nicht verlieren, wenn wir teilen und weniger haben?

Auch wir in der Kirche sind ja von Umwelt- und Innenweltverschmutzung betroffen – nicht nur als Opfer, sondern als Täterinnen und Täter. Zu mächtig ist der Eigennutz im Großen und im Kleinen, zu trickreich die Kunst, es nicht gewesen zu sein, zu bequem die Verschleppungstaktik. Auch bei uns ersetzen allzuoft große Sprüche die allzu kleinen oder nicht vorhandenen Taten. Der Mut zur Konversion (von dicker Luft zu sauberer), der Wille zur Verhaltensänderung hat immer auch mit uns zu tun. Welches Klima verbreiten wir in unseren Pfarrgemeinden, Verbänden und Gruppen? Welcher Geist herrscht dort, wo wir wohnen und arbeiten? Auf den Geist des Hauses kommt es an.

Der Geist des Hauses

Lassen wir uns vom Geist Jesu Christi leiten? Der ist nicht von gestern, der ist heute wirksam. Geistesgegenwart! Wo dieser Geist herrscht, da ist ein anderes Klima als unter denen, die immer mehr kriegen wollen und sich vom Eigennutz gefangen nehmen lassen. Da sind wir wach füreinander. Da haben Fremde Platz an unseren Tischen. Da kommen all die in den Blick, die sonst hinten herunterfallen, gar nicht mitzählen. Option für die Armen! „Löscht diesen Geist nicht aus" (1 Thess 5,19).

Wo der Geist Jesu Christi herrscht, da dürfen Gebeugte sich wieder aufrichten und aufatmen, da finden Schuldige Vergebung. „Löscht diesen Geist nicht aus." – Wo der Geist Jesu Christi herrscht, da wird die Welt nicht schöngeredet, da wächst Zivilcourage zum klaren Wort gegen das Verdrängen des sozialen Unrechts, gegen Politikverdrossenheit und kulturelle Belanglosigkeit. „Löscht diesen Geist nicht aus."

Wir müssen uns nicht verstecken. Wir dürfen uns gar nicht verstecken. Wir können uns sehen lassen. Wir können in aller Öffentlichkeit bekunden, wes Geistes Kind wir sind. Und wir sollten endlich Schluß machen mit der elenden, geistlosen Selbstbemitleidung. Klimawechsel! Wir können doch unsere besten Kräfte und Hoffnungsenergien nicht in die eigenen Reibereien investieren. Statt ständig über den Spardruck zu jammern, sollten wir ihn endlich als Chance nutzen, um über unseren Auftrag und unsere Prioritäten als Christen und Kirche in dieser Gesellschaft nachzudenken. Wieviel Institution vertragen wir, ohne daß uns der Geist ausgeht? Wir sollten uns dieser Frage ehrlich und zu Konsequenzen bereit stellen. „Löscht den Geist nicht aus!"

Franz Kamphaus im Verlag Herder

Briefe an junge Menschen
10. Auflage, 96 Seiten, Paperback
ISBN 3-451-21335-4

Bischof Franz Kamphaus sucht das Gespräch mit jungen Menschen, die noch träumen können, die voller Erwartung sind, die aber auch sehr kritische Fragen stellen. Aus dem Dialog mit ihnen sind diese Briefe entstanden, die Anstöße zum eigenen Nachdenken und weiteren Gesprächen geben wollen.

Mutter Kirche und ihre Töchter
Frauen im Gespräch
3. Auflage, 127 Seiten, Paperback
ISBN 3-451-21576-4

Dieses Buch ist die Frucht zahlreicher Gespräche. Es will wiederum neue Gespräche und auch Taten in Gang bringen. Was hier zur Sprache kommt, läßt aufhorchen, macht nachdenklich und lädt ein, den Weg der oft mühsamen kleinen Schritte zu wagen. Den Weg, der über Rechthaberei und bloße Worte hinausführt.

Entschieden leben
Was ich im Taufbekenntnis verspreche
Mit einem Beitrag von Gotthard Fuchs
2. Auflage, 96 Seiten, Paperback
ISBN 3-451-22418-6

In radikaler Ehrlichkeit und mit einem besonderen Gespür dafür, wie Menschen heute angesprochen werden können, greift der bekannte Bischof eine zentrale Frage des christlichen Lebens und der Seelsorge auf.

Verlag Herder

Franz Kamphaus im Verlag Herder

Auf den Punkt gebracht
Biblische Anstöße
3. Auflage, 192 Seiten, gebunden
ISBN 3-451-23520-X

Das Buch gibt biblische Impulse von lebendiger Dynamik und provozierender Aktivität. Es trifft den Nerv der Zeit, gibt Anstoß, erhebt Einspruch, überschreitet Grenzen. Es bringt aktuelle Lebensfragen im Spiegel der Bibel auf den Punkt.

Priester aus Passion
4. Auflage, 304 Seiten, gebunden
ISBN 3-451-23234-0

Viele Priester sehen sich heute nicht nur mit zunehmender allgemeiner Glaubensentfremdung und Kirchenferne konfrontiert, sondern auch mit eigenen Zweifeln an Sinn und Identität ihres Dienstes. In dieser Situation die Leidenschaft für Gott neu zu wecken, ist das Herzensanliegen von Bischof Kamphaus. Er bringt die verborgene Strahlkraft des Evangeliums überraschend neu zum Aufleuchten – ein Anstoß, der unter die Haut geht und ermutigt.

Eine Zukunft für alle
Umkehr zur Solidarität
2. Auflage, 200 Seiten, gebunden
ISBN 3-451-23877-2

Bischof Franz Kamphaus stellt sich dem Ruf der Stunde. Angesichts massiver Tendenzen zur Selbstsicherung und Selbstentfaltung auf Kosten anderer, zur Abschottung und Entsolidarisierung plädiert er für die Eine Welt, in der alle eine Zukunft haben.

Verlag Herder

Jahreslesebücher im Verlag Herder

Henri J.M. Nouwen
Leben hier und jetzt
2. Auflage, 400 Seiten, gebunden. ISBN 3-451-26099-9

Frère Roger, Taizé
In allem ein innerer Friede
2. Auflage, 224 Seiten, gebunden. ISBN 3-451-23963-9

Johannes Paul II.
Aus der Kraft der Hoffnung leben
400 Seiten, gebunden. ISBN 3-451-23773-3

Richard Rohr
Das zündende Wort
Täglich Überraschungen, Kirchenjahr-Lesebuch
2. Auflage, 480 Seiten, gebunden. ISBN 3-451-23252-9

Georg Moser
Täglich Grund zur Hoffnung
Meditationen für jeden Tag
5. Auflage, 400 Seiten, gebunden. ISBN 3-451-22858-0

Elmar Gruber
Deine Nähe täglich ein Geschenk
2. Auflage, 392 Seiten, gebunden. ISBN 3-451-23496-3

Anthony de Mello
Wo das Glück zu finden ist
Meditationen für jeden Tag
6. Auflage, 400 Seiten, gebunden. ISBN 3-451-23323-1

Verlag Herder

Bücher, die *akzente* setzen

Erich Zenger
Die Nacht wird leuchten wie der Tag
Psalmenauslegungen
akzente
496 Seiten, Klappenbroschur
ISBN 3-451-26379-3

Mit bibelkundigem Wissen und hoher Sensibilität begleitet
der bekannt Münsteraner Theologe seine Leser in die Welt
der Psalmen, die als verblüffende Spiegel heutigen Lebens erwachen.

Joachim Gnilka
Paulus von Tarsus
Apostel und Zeuge
akzente
336 Seiten, Klappenbroschur
ISBN 3-451-26377-7

Die grundlegende und spannungsreiche Paulusbiographie
von einem Theologen internationalen Ranges: In einer mit-
reißenden historischen Bestandsaufnahme zeichnet Joachim
Gnilka das Leben und Wirken des Apostels in seiner Jugend,
seiner Bekehrung und seinen Reisen nach.

Lexikon der katholischen Dogmatik
Hrsg. von Wolfgang Beinert
akzente
640 Seiten, Klappenbroschur
ISBN 3-451-26378-5

Diese preisgünstige Neuausgabe des Grundlagenwerkes zur
Dogmatik enthält solide wissenschaftliche Information auf
dem heutigen Erkenntnisstand. Wo sinnvoll und erforderlich,
wurden Schaubilder, Tabellen und Grafiken eingebunden –
ein Novum für ein theologisches Fachwörterbuch.

Verlag Herder